一
步
万
里
阔

曾经联想

陈丹青

著

中国工人出版社

图书在版编目（CIP）数据

曾经联想 / 陈丹青著 . -- 北京：中国工人出版社，
2025. 6. -- ISBN 978-7-5008-8658-7
I. K826.16
中国国家版本馆 CIP 数据核字第 2025N9V135 号

曾经联想

出 版 人	董　宽
责任编辑	邢　璐
责任校对	张　彦
责任印制	黄　丽
出版发行	中国工人出版社
地　　址	北京市东城区鼓楼外大街 45 号　邮编：100120
网　　址	http://www.wp-china.com
电　　话	（010）62005043（总编室）
	（010）62005039（印制管理中心）
	（010）62001780（万川文化出版中心）
发行热线	（010）82029051　62383056
经　　销	各地书店
印　　刷	天津中印联印务有限公司
开　　本	880 毫米 × 1230 毫米　1/32
印　　张	10.5
字　　数	200 千字
版　　次	2025 年 7 月第 1 版　2025 年 7 月第 1 次印刷
定　　价	58.00 元

本书如有破损、缺页、装订错误，请与本社印制管理中心联系更换
版权所有　侵权必究

他们在读

（按姓氏拼音排序）

陈彤　一点资讯总裁、新浪网前总编辑

联想是一家有典型意义的中国企业，联想人是最早一批本土培养起来的职业化、专业化人才。丹青笔下的这一组联想普通员工的群像，不仅代表了联想，也体现出一代IT人、互联网人本初的风貌，是一代人的勤勉奋斗、使命担当。

从玉华　《中国青年报·冰点周刊》负责人、副主编

这11位不普通的普通人，很像人群里的110人，1100人，11000人，110000人，1100000人……这11辐为一毂，构成了时代的轮。感谢丹青用个体的具体入微表达时代，她写的是"我们"。

邓庆旭　新浪高级副总裁、新浪财经首席执行官

　　一家企业和一个人，青春期都是有限的，联想和丹青都经历了灿烂的青春期。让你惊讶的是，在灿烂之后，他们都没有老去，而是不断展现生命的活力。善良的企业和善良的人，连青春都很漫长。

董小英　北京大学光华管理学院教授

　　丹青所讲述的联想经历，并非以宏大叙事的方式来呈现，更多是娓娓道来，尽可能完整而清晰地记录11位普通员工在联想度过的青春岁月和他们的成长经历，宛若多集纪录片逐帧还原他们留下的历史印记。

　　她的叙述视角微观，文字朴实无华，透过对他者的描述来展示企业的理念、发展和文化及其对联想员工人生的影响和塑造。

　　如果对企业文化及其对员工成长的影响有兴趣，此书值得一读。

段钢　资深媒体人，北青传媒前常务副总裁、中国网球公开赛前首席执行官

　　联想的成功，源于文化的成功。联想企业文化表达清晰，易于理解，便于执行。联想要求"高层要有事业心、中层要有上进心、基层要有责任心"。陈丹青写

的 11 人的联想经历，就是对此要求的完美诠释。

范根定 国际图书版权贸易代理、曾经 IT 媒体人

和丹青相识于 20 世纪 90 年代，我见证了她对联想以及后来每一份工作的热爱，那种基于良善、职业操守的热爱诚挚而长久，是一个普通人和所参与的事业的相互成就。回望来时路，联想成功的背后，离不开无数丹青这样个体的真诚奉献。我理解她用一个个故事要表达的心意：希望联想更好，希望曾经的联想人更好。我们都有曾经激情燃烧的岁月，大家有理由一起骄傲：我们创造了历史！

郭全中 中央民族大学新闻与传播学院教授、博士生导师，互联网平台企业发展与治理研究中心主任

关于联想的研究成果和相关材料，可谓汗牛充栋，但多是从企业管理、国际化等宏大视角展开的叙事。而丹青的《曾经联想》采写了一批普通人在联想的拼搏与付出、激情与迷茫的真实经历，让读者从更为多样的视角了解联想。同时，这短短的十余万字也开了中国企业史关注与记录个体之先河，是一次充满自觉的珍贵探索。

何刚 《财经》杂志主编、《哈佛商业评论》中文版主编

　　无论从哪个角度看,联想都是中国改革开放和全球发展的重要成果。而构建这个标杆级中国企业的核心价值观和文化基因的,不仅是联想的创始人和高管们,更是千千万万联想人。陈丹青女士以其亲身经历和细致观察,生动呈现11位联想人各自精彩的职业和人生,记录了联想40年最鲜活的微观群像,读来感人至深,于微观处有大义。

何力 资深媒体人,界面联合创始人

　　丹青的这11个人的故事,自然因为她自身的"曾经联想"而被赋予了特别意味;但细想,在这11个人身上不也或多或少映射了我们每一个人的影子,进而映射了一个时代。

胡延平 FutureLabs未来实验室首席专家

　　用心回看走过的路,才会意识到联想这样一家企业对于这个时代到底意味着什么;对参与其中的联想人来说,又是怎样的生命历程!这是一个走向改开、走向市场、走向世界、走向科技的澎湃年代,这是和以往、以后的任何一代人都不同的探索与转型。

　　作为时代读本的一部分,联想、联想人、曾经联想

人,不同的视角有着各自不同的价值。曾经联想人的经历所带来的启示,不亚于故事本身的阅读价值。这一笔值得珍藏的精神财富,就蕴藏在丹青非常用心的访谈、笔触和思索里。

刘坚 《经济观察报》总编辑

为 nobody 立传,陈丹青的确在为难自己,但她用自己的诚挚、真情和爱,书写了为人熟知的联想在镁光灯之外的历史。

罗振宇 得到 App 创始人

现在很多人都喜欢说自己是"普通人",但他们可能都没有意识到:再普通的个体,实际上都有机会和历史掰掰手腕子。

牛文文 创业黑马创始人、董事长

丹青写联想,写的是人、普通人,普通人变成联想人、联想人再复归普通人的故事。这 11 个人的故事,也是中国迈向信息化、全球化的艰难而辉煌的历史碎片。感谢这一代普通人的奋斗,这些人也是我们自己的镜像。

秦朔　《第一财经日报》创刊总编辑，人文财经观察家、秦朔朋友圈发起人

人生远比职场长。"曾经联想"的故事和"正在联想"的故事一样动人。"曾经联想"的人把联想的烙印鲜活地盖在自己的生命中，又谱写出新的乐章。无论高亢、低回、平静，总有一种温暖的力量在流淌。感谢陈丹青女士以《曾经联想》书写了联想集团40年的一个侧记，让这些普通的身影也被载入历史，永不消失。

宋立新　《英才》创始人，英才元投资管理有限公司董事长

修禅时曾修得一语："禅心如水面，云来即映，云去不留。"看丹青的《曾经联想》便觉得应了这句话——云水相望，各生欢喜；云散水静，各自匆匆。你不读进去，便觉不到那份欢喜；掩了卷，也不碍你继续前行。这份禅静，便是丹青的性格写照，不是寂静，而是以平静映出云卷云舒，那是一个大时代的天空。

吴伯凡　新物种研究院院长

11个人，30年，诸多看似平淡的情景和细节（包括文中某些一带而过的场景），对于经历过那段时光的人来说，可谓惊心动魄。

丹青女士尝试以微观历史、口述历史的方式，以用

心而有节制的讲述，还原、拯救场面化的历史叙述中一片模糊或完全被忽略的故事和场景，以及一代人中绝大多数人的行踪和命运。她以平易恳切的方式，领着读者走向或回到历史和现实的深处，在看似随机的时代碎片中让我们遇见一个又一个陌生而熟悉的图景。

在简笔画甚至漫画般的历史叙述中见不到的故事，其实可能是终极的真相。历史（History）的尽头也许就是个人的故事（His story）。

吴声　场景实验室创始人、场景方法论提出者

《曾经联想》告诉我们，所有的去处都和来路有关。他们人生目标各不相同，但价值观的脉络清晰可见，这些曾经的联想人是以一种诚恳、正直的共识，开始后联想的各自精彩。

丹青老师的人物访谈值得重视，因为她有意无意选择了一条最难的路：长文本和更多细节的信息源。这也是 2024 年最重要的信息趋势和文本创新，如同播客深度介入美国大选和科技商业变革：越是信息爆炸，越是注意力速朽，我们越是需要深度的专注力。

曲终人不见，江上数峰青。推荐这本独特的非虚构作品，在细腻的笔触下，看见一个时代的起伏，是我们的幸运。

赵文权　蓝色光标传播集团创始人、董事长

作为伴随联想走过 1/4 世纪的合作伙伴，深知联想最强大的就是 40 载传承延续、深入骨髓的联想精神！丹青的书从平凡处入手，极好地诠释了联想精神的光辉。曾经联想，永远联想！

朱学东　前媒体人、自由写作者

在丹青的朋友中，我们相识是比较晚的，当时她还在联想。我认识的丹青，做事细致努力，有"眼力见儿"，待人实诚重情义。写文章，也是细致有计划。

读到《曾经联想》第一篇的时候，我就仿佛看到了一本书，看到了一群人以及这群人所缔造的公司。只是，普通人的故事最难写。不过，只要热爱生活（包括工作），都是闪亮的人生，都值得记录，也能写好。丹青做到了。书中这些人，其实都是丹青自己的"镜中人"。

记录下我们曾经的生活，既是"存储流金岁月"，也能抵抗日常生活带来的倦怠。

目录

1　　推荐序一　是美好，就一直联想

5　　推荐序二　满天星，曾经是什么样的火

1　　王继玲　一个人的微公益

20　　任增强　规划人生　终身成长

44　　潘晓冬　存储流金岁月

70　　马建强　找到属于自己的那扇法门

95　　王小燕　次第花开

134　方树功　让"爱与陪伴"可持续

164　周浩强　研发有意思

186　刘爱婷　以梦为马

211　冯健渐　无一刻虚度

231　包海东　和绚丽无关

256　戴　航　沉下去，打开一个新世界

303　后记　回首曾经再向前

推荐序一
是美好，就一直联想

陈惠湘

很高兴看到丹青的《曾经联想》出版。

11位"曾经联想"的普通人，他们的工作与生活、快乐与艰辛构成了一幅画卷，画卷的底色则是我们身处的改革开放时代——每个人都可以自我选择，努力活成自己希望活成的样子；只要努力了，即使没有活成自己想要的样子，也无遗憾。在写作《曾经联想》之初，丹青告诉我，她只是想怀着感恩之心，写11个曾经在联想工作过的普通人。

的确，我们需要感谢改革开放，让每一个人都能够有尊严地活着。感谢人生旅程中那些美好的遇见，例如联想。但是，我多多少少为丹青捏了一把汗，因为我始终觉得，通过纪实的方法、用文字去表现人，是一件很难的事情。就事论事容易，但不鲜活、不传神，人物成了静止的照片。以事写人很难，看似写事，实则以事读心，读不懂的话，结果还是会写成照片。写普通人尤其难。他们没有成功人士的光环与叱咤风云。普通人的生活与工作也普通，零零碎碎，有烟火气，烟火气背后的人心，也许比成功人士的好揣摩，但未见好表现。

然而，《曾经联想》中的 11 个人却很鲜活，他们的成长坎坷、起落悲喜跃然纸上，每一个人的内心深处都深藏了一段"曾经联想"的美好记忆。我非常、非常理解他们，是因为我也两度"曾经联想"，每个人总会有一些经历，终其一生影响自己，包括在一家优秀的公司，有过极为认真的工作与历练。这样的经历，留下的通常不仅仅是记忆。我只认识书中人物里的一两位，见过一两面。但是，我能够从书中感受到联想对他们的影响，反过来也可以说是他们对联想的情感。

从写作的初衷而言，丹青很好地完成了我觉得很难的那个挑战，她把这些曾经的同事一个一个都写活了。原因是，丹青把自己定位于一个聆听者，不仅是认真聆听的态度，还有丹青自己的生活阅历，可以支撑她听到讲述者的内心。

接下来我的思考是，《曾经联想》这样一本书，之于读者的价值是什么呢？我觉得，首先在于这 11 位普通人的工作与生活，他们的状态、情感、选择，对于那些刚刚走入社会或者正在打拼的职场人，一定是有启发意义的。毕竟，普通人是社会的绝对多数。而每一个普通人都希望自己的人生更有质量，每一段经历都更加精彩。写成功人士的书太多了,写普通人的书太少了。"三人行,必有我师",往深处想,其实是在说普通人。所以,从阅读与思考的角度出发,《曾经联想》这样的书,共情之外,更是一种借鉴与交流,这是本书的社会意义。

其次,我觉得,任何好的情感、好的事情,一定都是双向奔赴的。其中,包括企业与员工的关系。在过去的近 30 年里,基于实证研究的学习需要,我考察过 500 家左右的中外企业,甚至短暂空降,担任过企业的董事长、首席执行官,一个普遍的发现是,但凡一家优秀的企业,它提供给员工的不仅是体面的收入,还是可供发挥与成长的工作舞台,还有先进的职业化训练,以及非常重要的价值观影响。这是优秀企业之于社会进步的另外一种贡献。投桃报李,员工提供给企业的不仅是他们创造性的工作,还有他们的智慧与情感,这是一种积极而美好的双向奔赴,而绝非工作与报酬这么简单的交易关系。

毫无疑问,联想是这样的优秀企业。我很幸运,与书中 11 位人物一样,都"曾经联想",而且是"两度联想",我知道联想附加在我身上的红利是什么,就像那 11 个人知道联想对他们的影响是什么一样。丹青是我"二度联想"时的同事,我离开联想之后,我们便成了朋友。我理解她退休之后去写这样一本书,动力可能源于多年沉淀于心的对于联想的那份醇厚感情。

这是一件十分美好的事情。我离开联想近 30 年了,一如既往地关注和热爱它。作为文人，我也喜欢"联想"这种思维方式。无论是30多年前的"人类失去联想，世界将会怎样"，还是"二度联想"时的《联想为什么》，我和丹青的动力都是一样的。不同之处在于，我思考的是事，丹青表现的是人，她选择的挑战比我大。在20多年后，她从"联想人"这个角度，很大程度上回应了"联想为什么"。

丹青嘱我以她入职联想时首任领导的身份为新书写序，实在令我诚惶诚恐。我认认真真地读丹青的文字，认认真真地联想、感悟这些真实的普通人物故事背后一家企业的文化与时代的脉动，写下这篇读书体会，权当交流。

尽管这个世界一定会有这样或者那样的问题，人还是要存有感恩之心，积极地展开联想。唯有如此，人类才可能在任何劳苦愁烦里依然有快乐的能力，才可能拥有走向未来的勇气。

只要是美好的，那就一直联想吧！

（作者为中国企业管理实证研究知名学者，曾出版《联想为什么》）

推荐序二
满天星，曾经是什么样的火

李鸿谷

认识丹青是在 2009 年。那时，作为北京奥运会的全球主赞助商，联想刚度过了一个高光时刻，便开始迎战全球金融危机带来的诸多挑战。作为品牌沟通部的负责人，丹青计划和媒体认真、系统地讲述联想并购 IBM PC、一家中国企业国际化的故事。

她找到当时《三联生活周刊》的主编朱伟，朱伟很直接地问道："你们能够开放自己所有的系统，接受采访吗？"丹青没有迟疑，很肯定地回答："当然！"开放系统、接受采访，对于一家严肃的媒体而言是基本的要求，但对于受访者，多数时候都不能做出肯定性答复。丹青让我有些意外，即便她代表的是联想、一家以主动沟通而著称的企业。我接手了报道任务，采访到了几乎所有参与并购 IBM PC 的决策者和谈判者，他们的坦率前所未有。

为周刊写完联想国际化的封面故事后,丹青问我可否更深入地采访,再完成一本书?我有点犹豫,那时,我对中国周边的政治地理兴趣更为浓厚。作为记者,我算是有追求的那种。初进《三联生活周刊》,我是社会记者,每周都准备出差去现场;之后,我对历史发生兴趣,写100年前的辛亥革命系列封面故事;此时,我正计划着将关注范围扩展到中国周边国家,琢磨、研究它们不同的"政治地理",由此逐一完成这些国家的封面故事。联想的国际化,是一个好故事,对记者有天然的诱惑力。去完成政治地理的系列封面故事,还是去写一本企业国际化的书,我需要选择。之后乔健又找到我,再次询问可否将联想国际化历程写成书,我决定放下犹豫。只是,此时丹青已离开了联想、投身互联网了。

对于一个社会记者来说,写联想的故事,是理解现代制造业,也是理解这个时代科技演变的开始。从电脑到智能手机,再进入移动互联网、人工智能,新的学习空间被打开了。而且,让人意想不到的是,作为记者的我,不仅是这段历史的记录者,也深深卷入其中。刚刚写完记录联想国际化历程的《联想涅槃》,我所领导的《三联生活周刊》就必须开始互联网转型与融合。后来,我跟同行讲授"互联网方法论"时,首先讲的是如何建立理解媒体自身的"供应链"——这个概念,是个人电脑行业对全球化最重要的贡献。真实的世界与微观的行业,其实没有那么多壁垒,他山之石，岂止可以攻玉。

联想是一家很有趣、很有意思也很有意义的企业。中国改革开放，它是标志性企业之一，讨论这段历史，无法绕开联想，这是它的意义。拉开一点距离，有趣之处则在于，早期对联想的传播，有意无意之间，已经将其塑造成中国本土生长出来的高科技企业——在20世纪末，能够生产品牌电脑，对于大多数中国人而言，自然是"高科技"了。只是，先进的制造企业跟高科技企业，并不完全是一回事儿。用"制造企业"来定义联想，应当更准确，在这条赛道上，并购IBM PC，成为全世界个人电脑（PC）之王，是有志者的必然道路。有意思的是，民众对联想的高科技的想象，实在过于漫长，对企业，这当然有红利，但同样有成本。

我写的那本《联想涅槃》，记录了联想国际化的历史，联想核心团队如何发现机会、反复权衡、郑重决策、制定战略、团结合作、全力以赴……最终成为全球最强大的PC制造企业。联想那些卓越的领导人，如何将联想这艘大船驶向了全球化的茫茫大海并扬帆领航，了解并讲清楚这个故事，是我的任务。完成之后，我另有疑惑，联想这艘大船上几万名员工，能够在海上生存吗？或者说：什么样的企业基因，才可以帮助这些员工完成自身的蜕变？

当丹青把她的《曾经联想》后记发过来后，我再次认真阅读了她所记录的11个"曾经联想"的人物，那些未解开的困惑，似乎在这里找到了答案。

这是一本别出心裁的书，那11个曾经在联想工作的"传主"的人生经历，是她去寻找、叙述的故事。在我有限的阅读里，像这样因为有着一段相同工作背景而结构化处理的人物故事，并不多见。由此可见，联想之于丹青，有着多么深刻的影响。这是我最初在朋友圈看到她写的故事时，就生发的感叹。更深的感慨则是，毕竟丹青做的是"沟通"工作，她对现代制造业的深入理解，能够穿行不同的专业与行当，毫无滞碍，在看似平常的人生里，发现大家意想不到的光亮。

那么，曾经联想，与他们各自人生构成一种什么样的关系？杰出的企业，那些离开的员工，当他们散作满天星时，有距离，有对比，更有条件回忆曾经的联想，是一团什么样的火。不经意间的讲述，那些闪亮的细节，显现了价值。

因为爱 几万名联想员工海选，最终入围6个北京奥运火炬手的王继玲，离开联想之后，有一个一直坚持的事业：做志愿者。后来做的是临床心性关怀师，陪伴过的有肺癌、肝癌、乳腺癌、卵巢癌患者，有胆管癌、结肠癌、胰腺癌患者，还有白血病、黑色素瘤、肾衰竭患者，以及一些旁人从未听说过的罕见病患者……这些病人背后，是一个一个接近终点的人生呀！读到这里，我眼睛湿润，也许只是：因为爱。

规划 大客户的超级销售任增强，进入联想的目标就是做销售，即使要提升他做维修部副经理，他也决定放弃——

这不在他的人生规划里。这种放弃的选项，极端之处是放弃价值 1000 多万元的股票期权。规划的人生是一座座自己认定要攀登的高山，而不是钱。

人情味 通过联想面试，刚刚向原公司提出辞职的潘晓冬，却接到联想编制冻结的消息……他失业了。没想到的是，半年之后，当时的面试官打来电话，说有机会了。见过世面的潘晓冬，发现在联想遇到刮风下雨，有车的同事下班时都会问一句：谁搭车？他解答了自己的疑问，理解了这家公司的人情味。

热爱 离开联想，自己创业的马建强，从 2006 年开始，竟然一直要教人、教公司如何做 PPT。在如此深度垂直领域耕耘，传奇背后，唯热爱可抵漫漫长夜。

不止勇气 坦率地说出自己有双相情感障碍，已不止是勇气，而王小燕不仅对抗疾病，还考虑如何利他以成全自己。

标准 创业做公益基金会的方树功，竟然完成了这家公益机构的 ISO9001 质量认证。现代制造业深刻的塑造，对企业，也对人。

技术 除了工作，没有什么爱好，而且情商极低——"老板夹菜他转桌"的周浩强，后来做研发、带团队，管理范围竟然有五六百人，在他的经验里，技术能力才是唯一重要的！何以如此？联想的包容是决定性的。他怀念的联想：好的团队，一起面对失败，一起赢！

能量 好不容易进了自己迷之崇拜的联想,却赶上2004年战略调整,仅待了1年,刘爱婷就离开了联想。之后,进入互联网,学精细化工专业的她,毫不犹豫,学会了写代码。然后,自己创业做减肥网站、礼品生意、医疗器械,甚至开始收购药房……在此期间,她还多次参加马术比赛,是马术国家一级裁判。44岁时,她有进入国企的机会,48岁,又拿到互联网大厂的offer,果真活力满满,以梦为马。

理想主义 曾经先后负责过联想东欧、中东、非洲等30余个国家和地区消费和中小企业事业群的冯健渐,离开联想后,去离昆明50公里外的地方创办自己的农庄,卖鸡、卖猪,开始小资田园梦。这个梦想中,还有两个性价比特殊的项目,去云南大学当兼职老师,45分钟60块钱;在昆明做滴滴司机,1小时20块钱。在不断调试人生的过程中,这个永远的少年恪守着自己的理想。

坚持 包海东离开联想,选择了让人想象不到的乙方公司,这种选择,既难在心态,更难在乙方的决定,没有真才实学、不是品行端正、不曾平等待人……谁会要你呢?对于包海东而言,在甲方或乙方不重要,重要的是他一直热爱做笔记本电脑。包海东的经历算得上半部中国笔记本电脑发展史,而中国的科技进步,靠的不就是这样一批有耐心、积跬步的人吗?

在路上 35岁之前,戴航完成了自己的34+7+4+2:34

个中国省区市和特别行政区、七大洲、四大洋、两极（南极与北极）。仅此数据，就令人神往。离开联想后，他选择了中国慈善联合会的工作，投身乡村振兴。这个游历过四海八荒的人，他的世界观、价值观，是要沉下去、改变世界。

满天的那些联想的星，曾经是一团什么样的火？答案在这些普通人的人生里，更在丹青的记录中。最后抄录一段：

> 包海东说："我始终觉得不管世界和科技如何进步，一个伟大的品牌、产品，能永久流传的必定蕴含着人性的光芒！""你认为什么是人性的光芒？"我问，他想了想，"电影《奇迹男孩》（Wonder）里有这样一句台词，'When given the choice between being right or being kind, choose kind.'（在正确和善良之间，选择善良。）"

（作者为三联生活传媒有限公司总经理，《三联生活周刊》主编）

王继玲
一个人的微公益

继玲和我恢复联系，是在新冠疫情期间，一切都特别不确定，我们相聚于某一个短暂的喘息之机。我那时每天都要去廊坊，而她是"走街串巷"的保险代理人。

继玲是我"二度联想"时短暂的同事，内部沟通部和品牌沟通部合并以后，她过来负责内刊《联想》杂志，上级是李华青，当时华青是带着一整个内部沟通小团队过来的。之前联想还有一张报纸叫《联想人》，半月一期，以弥补杂志作为月刊更新信息频率低的不足，我接手后关停了，趋势和商业纸媒大体一致。

来我们部门之前，继玲有一段让我印象深刻的高光时刻。那是 2007 年，作为奥运赞助商的联想集团有一部分火炬手的名额。奥运热潮之下，谁要是能成为火炬手，绝对是件光宗耀祖的事情。为了激励员工、增强奥运参与感，公司内部员工有6个名额，以竞选的方式产生。参与者要在内网上写文章、拉粉丝，然后全员投票。那是一个持续很久的活动，公益组的两位获奖者一个是王继玲，一个是赵秀怡，这两人后来都到了品牌沟通部。

继玲当年在内网上写的是自己做公益的经历——扶贫助教，给贫困地区贵州毕节的孩子们捐书、捐衣物，为北京郊区农村的孩子助学捐款，做环保活动，组织人去山上捡空瓶子、塑料袋等。她的票数排名很靠前。

我记忆中的她，在联想一直做杂志，之前是做面向联想几千家渠道商的《大联想》杂志。代理商、经销商的管理是联想重要的竞争力之一，下游生态系统如毛细血管一般，一直下沉到三四五线城市乃至村镇。在电脑下乡的年代，联想率先刷墙，在各个镇的"CBD"（也就是主要的交叉路口）都竖起了一块户外广告大牌。

另外一个印象是王继玲在回龙观医院做心理支持，接防自杀热线。大约2019年，我一个闺蜜的老母亲有心理咨询需求，我还找过她，她很热心地陪老人聊了一上午，顺便纠正了我既往的错误认知——回龙观医院防自杀热线是全国第一条专业的自杀干预热线，现已改名为危机干预热线，因其工作性质特殊，不接受兼职人员，所以继玲当时是"心连心亲友小组"的成员，会在小组里陪伴自杀者亲友，并不直接接听电话。

继玲是2020年10月底加盟泰康人寿的。PPT上的商务照中，她穿着黑西服套装，在"幸福人生的护航员，专业养老管理顾问"的角色定位旁边，有一串长长的头衔——"国家二级心理咨询师、RFP 美国注册财务规划师、MDRT 百万圆桌会员、养老风险管理师、HWP 健康财富规划师、临床心性关怀师、中华遗嘱库义工"，让人心生敬意。

但这么多壮胆的称谓，也没能掩饰住她作为一个保险业新兵的青涩，一双黑亮的眼睛在我这个前领导的余威之下，略显躲闪。

那天是我们几个老同事聚会，聊起泰康，几乎全在吐槽过度营销、垃圾短信、送鸡蛋等。我是唯一亲自考察过燕园的，但我去的那天赶上雨夹雪，再好的地方也显得凄风苦雨，我的描述如同砸场子一般。继玲作为一个新晋外勤人员，只是安静地听着，不解释。

以前在"品沟儿"（品牌沟通部的简称）的时候，她给我留下的印象，也是这样安静的，黑黑瘦瘦的，像个越南姑娘，顶着一头"加黑加粗"的短发，一双黑亮的眼睛带着笑意，总想把自己的心事藏起来又藏不住的样子。

她是 2016 年离职的，在联想工作整整 20 年。

当时联想有一拨儿人去了乐视，最有名的是做乐视手机、电视的梁军，他是我在服务器事业部时期的同事。继玲去乐视多少和这一拨儿联想人有些关系，但她所在的是乐视最神奇的业务——汽车。时间不长，眼看着起高楼，眼看着贾老板出国了。

"当时贾老板是真重视汽车业务，至少双周参加一次汽车业务的总裁会。"继玲负责总裁会议的安排、主持和会议记录等，有点像她在联想企划部时的工作。

贾老板出国前的一段时间，她跟老板秘书确认时间，得到的回复经常是说老板很想去参加会议，但时间不行，要见投资人……持续几周后，突然从新闻上知道贾老板出国了。之后，业务陷入迷茫，于是大家作鸟兽散。

有个同事拉她一起创业，是养老产业里的适老改造项目。她也觉得打工的尽头应该是创业，而且这事业这么好、有前景。但去了之后，因为业务尚在初期，继玲擅长的内容宣传、市场推广，在这个阶段有劲儿使不上。几个月光景，她就坚持不下去了。

但这段短暂的创业经历，给了她相对系统的养老市场启蒙。有句"鸡汤"说："所有的经历都是珍珠，总有一天会串成美丽的项链。"认真度过的每一天果然不会白费，继玲加盟泰康后，意识到命运在这段艰难的经历中蕴藏的意义。

新入职的保险业务员来自各行各业，必须经过统一的培训。养老这块儿，在燕园体验馆里可以听讲解员讲，自己平时再多练习、"背词儿"。而继玲第一次去燕园就觉得"门儿清"，房间里那些适老化设计和产品，从理念到功能，老人容易有哪些风险和意外，产品怎么用，她进去一看心里就都有数了，不仅知其然，更是知其所以然。其他新同事很惊讶:"你不也是刚进这个行业吗？怎么懂这么多？"

保险行业人才包容性强，这些同事中不乏过往履历很光鲜的、博士、教授、名校、大厂，应有尽有。当然，继玲身上联想员工、企业内刊主编、2008年北京奥运会火炬手的标签也是相当闪亮。

在继玲向我介绍保险的过程中，我俩发现了一个共同点——都用五笔字型打字。

她回忆起"古早"时使用的四通打字机，我说我也用过。她说她还用过更古老的铅字打字机：牵动一个自由移动的机械臂，准确地从布满铅字的键盘上把需要的汉字抓取出来，打印在专门的蜡纸上，再拿去油印。这绝对完胜我。

她的第一份工作是在山东招远的一家国有工厂，生产民用炸药。当地有好多金矿，需要炸药。在厂部办公室当打字员、小文员之前，继玲还在车间流水线上包装过炸药，算是锻炼青工吧。

这个小城工厂里的小姑娘，却有着一个不小的文学梦。20世纪80年代是文学的黄金时期，继玲陆续有诗歌、散文发表在一些小刊物上，这激励着她一定要走出去。北京师范大学中文系举办首届作家班，请了不少名师授课，继玲报名参加，来到了北京。学习的最后一个月，她意识到自己不可能再回去了，就开始找工作。

1996年，北漂的她遇到了联想。

那时继玲的工资只有几百块钱，租住在现在北京体育大学（那时叫"体院"）附近的树村小队——这个名字，继玲特别喜欢，让人有一种在北京扎下根的感觉。

每一个北漂都有属于自己的租房故事，继玲的故事是煤气中毒。

平房便宜，冬天屋里没有暖气，要靠烧蜂窝煤炉子取暖。有一次炉子没封好，她和老公睡到半夜感到头晕，意识到不好，想要打开门窗通风，但浑身发软，根本就起不来。她老公恢复得快些，强撑着打开了房门，冷空气吹了进来。两个年轻人再不敢睡，怕睡着了就再也醒不过来了，一直睁着眼、开着门，蜷缩到天明。回想起来，两人一直庆幸命大。

继玲后来跟着"井耀大姐"到了区域管理处，跟着"旭东大哥"到了商务部，在企划部时的领导是李祥林。联想很早就规定，不许称呼"哥""姐""姨"，后来还不许称呼"总"，搞过一场"称谓无总"的运动，要求大家互相叫名字，40岁以上的叫"老师"。但在继玲心中，有几位一直就是大哥、大姐。

继玲说她最喜欢的联想广告语是：每一年，每一天，我们都在进步。

联想几乎每年都有大的组织调整。跟着公司发展，继玲这个小文员逐渐成长为沟通宣传的资深人士。"我们是一路向北，从（白石桥）技贸到5500（5500大楼，位于中关村计算所），然后再到上地。"

"我跟着旭东时间挺长的，起初在销售部也支持过他，后来旭东负责商务部。"当时除了销售部门，还有市场和行业部门，张克、郭谦、刘旦等一批"联想老人儿"，都是眼看着继玲从一个小姑娘成长起来的。

　　继玲还记得冯健渐来联想的第一天。"听说办公室新来了个研究生，打了个照面儿，就见这一脸学生气的小伙子放下背包，买了机票就出差去了。他那会儿是跟着刘俊彦跑西南区。""这些人全是销售精英，当时一个大区也没几个人，七八个大区二十来个人。创业阶段挺辛苦的，但能遇上他们，真好。"

　　她觉得身边的人太优秀、很"高调"，觉得自己和他们差距太大，一直内心自卑，不太放得开。为了紧紧跟上公司发展的步伐，不被淘汰，她一直拼命学习。

　　2004年，联想国际化，继玲的儿子出生了。她重新认识了自己所从事的工作——内部沟通，她喜欢。

　　工作的同时，在2008—2010年，继玲考取了心理咨询师，先考了三级，后来又考了二级。2017年以后，人力资源和社会保障部取消了对心理咨询师的认证，因为"有些泛滥了"，现在很多人考取的心理咨询师多半是中国科学院认证的。她庆幸自己考得早，拿到的是"国家认证的、人力资源和社会保障部"发的心理咨询师证书。

　　我问她，做公益是不是受北京奥运会的影响，因为她当选的就是联想公益火炬手。联想当时邀请了徐永光等一批公益界大咖作为火炬手,他们传递火炬是在红都瑞金,日子非常特殊——2008年5月13日,汶川地震的第二天。因为汶川地震,2008年被称为中国公益元年。

大家可能都对当时企业纷纷捐钱、很多人冲到灾区有着深刻印象,而我最受触动的是汶川地震后联想员工的自发献血。当时我负责联系献血车,一开始他们不肯来,经过我再三恳求,终于来了一辆。那时,联想新大厦的大堂里已经挤满了挽起袖子的员工,最后体检合格、成功参与献血的有600多人,最多的时候,大楼门前停了三辆献血车。献血一直持续到后半夜,位于上地五街的联想新大厦灯火通明。想起那个场景,我至今依然想流泪。

这是我第一次真切地感到人与人之间互助的能量是多么巨大。后来我们策划的CSR(企业社会责任)活动叫作"联想公益创投",目的是要支持有爱心的人成就公益梦想。活动有一个非常好的口号——"让爱心更有力量"。这个项目后来分别和腾讯QQ、新浪微博进行了合作,这是我职业生涯里相当有成就感的事情。2009年,新浪微博刚刚兴起,他们喜欢"微公益"这个"微"字,经联想同意,他们一直沿用了这个概念。

2008年汶川地震后,不少社会机构开设了公益热线,希望能够帮到更多人。王继玲报名加入了当时的华夏心理热线。机构赞助的场地在海淀图书城,她经常在下班后从上地赶过去接听心理热线电话,小夜班是晚上7点到9点,大夜班是晚上 9 点到 12 点。这种咨询支持，主要是倾听，处理来访者当下的情绪，间接发挥救助的作用。我问继玲有没有那种"发现重大危险、力挽狂澜、救人于水火"的事迹。她说："那倒没有，只是感觉有抑郁倾向的人明显多了起来。"

除了热线，继玲还利用自己的所学做知识普及。"一般孩子早期出现抑郁症状的时候，家长会以为是孩子情绪不好、矫情、作。等到孩子真出现精神问题了，又会认为孩子只是有些抑郁症状。家长始终会想得比较乐观，都不愿、不敢往更不好的地方想。但这种青春型精神分裂症，特别需要及早发现、及早干预和治疗，传统观念中的病耻感太耽误治疗了。"

她帮助过不少身边的同事、大联想渠道的合作伙伴，让他们的孩子在有症状后能及时去医院问诊，确诊后能积极治疗，稳定后能回归正常工作和生活。

"这种事做过好多，确切有多少真不记得了，就是随手的事。只要孩子正常，哪怕生活平平淡淡甚至是艰苦，也是莫大的幸福。"

"微公益"，我们只是倡导者，继玲才是默默的践行者。她觉得不需要所谓的"达"，"随手"就可以兼济天下。

王继玲住在回龙观。她是在 2000 年前后买的房子，当时房价还很低，小两口早早还完了房贷，但一直解决不了户口问题。儿子上小学后，考虑到孩子将来的高考问题，他们又在天津武清买了一套房，由爸爸带娃过去读书，继玲就做起了"京津通勤组"。从儿子小学六年级到高中,她跑了整整 7 年。这 7 年里,每到周末,继玲就会从上班的地方——联想或者乐视或者现在的泰康营业部,一路奔波到北京南站。北京南站已经成了她最熟悉的地方。

"一点都不夸张,我常在西直门换乘地铁去北京南站,转站的那些地方我闭着眼睛都能走,快成肌肉记忆了,从北京南站出地铁换高铁更是行云流水、一气呵成。"

曾在京廊间通勤的我深知其中必会有非常非常多的不容易。"票不好买。我办了一个铁通卡,可以到车站机器上刷票,但如果去晚了也会没有票。有时真就是那样,提前没买上票,去碰运气,铁通卡也刷不到,很失落。急三火四赶到了南站,却只能一个人坐在候车厅里发呆,看人来人往,眼睁睁地。我就在南站,就是去不了武清。呆坐一会儿,满怀沮丧地坐地铁回到回龙观。"

"回龙观也是自己家,但没有家人,它就只是个房子。"
"哭过。"

哭过的继玲,第二天会起个大早,赶早班车去看孩子。往往到了武清打开家门,屋里的爷儿俩还在床上酣睡未醒。

这个宝贝儿子在 2022 年参加高考,3 年疫情让一切都难上加难,考前儿子还出了点意外状况。"四五月份那会儿,北京疫情反复,我在五一前就没回过天津。我一个人在北京,每天晚上给儿子打个视频。儿子高三毕业典礼那天,突然查出点儿小状况,为确保高考期间不出问题,医生建议做个小手术。"

"我老公要在病房陪着,还要沟通和办理各种手续——住院治疗的、高考相关的。高考通知陆续下来,一会儿通知考场在哪儿,一会儿让家长注意各种事项,什么都得去弄,还要申请我儿子这种特殊情况怎么办。"

"麻醉劲儿过了,儿子疼得连翻身都困难。有一次儿子给我发微信问爸爸去哪儿了,我打电话他也没接。我这个着急啊,就问儿子什么事。他说想上卫生间,一个人在床上动不了。就这么点儿事儿,我帮不上一点儿忙,真是难受得不行不行的。"

一家三口,身处两地,只有在山东老家的哥哥还能宽慰她。哥哥继承了父母的事业,一直在高中当老师。他安慰妹妹:"没事儿,我每年高考监考,都能遇上挂完吊瓶进考场的。这都不是事儿,你们全家都要放宽心。"

考场本来在三楼,但孩子术后体弱,不能多走,专门申请了一楼的备用考场,单间,两个老师监督他一个人考试。"特别隆重,我老公把轮椅推到门口,老师再给推进去的。"疫情防控期间,出院考试是特批的,备用考场也是特批的,考完也不能回家,每天就是考场—医院两点一线。

孩子最后考取了山东师范大学人工智能专业,专业不错,山师大在山东省也绝对是响当当的。

"当时也略感遗憾,如果不生病,成绩应该会更好。"不过，很快全家人就都向前看了。"孩子之前就喜欢数学、理工科，喜欢人工智能专业。现在整天鼓捣编程，还考了个无线电业余电台证。"

"他是真正的追星，追天上的卫星。"孩子在大一就报名参加了国家天文台的科创项目，进行河外星系的射电分析。他很热爱这个项目，在久远又遥远的时间、空间尺度上观测和分析比较星系数据，因各种意外的发现而欣喜和感悟。

继玲最初学心理咨询，很重要的一个原因就是有了孩子，她总觉得自己在物质上给不了孩子更多，唯有希望儿子能够身心健康、阳光成长。"其实是孩子在帮助我成长，我觉得有了他，我变得更勇敢、更从容了。"

另一个带给她改变的就是联想的职业经历。

虽然离开联想六七年了，但联想的印迹早已融入继玲的血液里。"在联想快速成长的阶段，我感到自己得到了很好的成长，总有人和事儿带着你跑，想停都停不下来。学到的终身受益，丢都丢不掉。"

联想几度战略转型，继玲也曾陷入迷茫和停滞，尤其是她在联想最后的几年。"身边不断有老同事主动或被动地流失，而公司总有各种变化和动荡，比如裁员、业绩波动。"浪成于微澜之间，总有风起于青蘋之末，作为一个普通的内部员工，继玲有感知、很无力。

她越来越迷茫，这一代小微中产的不安全感一下子涌了出来，"不知道咋整了，自己应该怎么做，怎么能够凸显出自己的价值,哪儿是自己的短板,还需要学习点啥?"

"那几年其实是止步不前的,比较浪费时间。"离不离开联想?这对于继玲、对于许多对公司有感情的联想人来说,是一个近乎天大的问题。"总是不能下定决心,每天去联想上班已经是一种习惯,这让我对外面的世界感到不安,本能地逃避。"

这期间,她曾在中国区总裁办公室"猫"了一年,弄弄微博、微信等新的社交媒体,遇到中国区业绩发布什么的就跟着忙一阵子。后来乔健出了一本书叫《当东方遇到西方》,文字功底较好、对公司发展较熟的继玲加入项目组。这本书是先有英文版,再译成中文版的。当时英译中的初稿已经完成了,但因为是几个人分别翻译的,文字风格不统一,继玲加入后负责中文版的统稿以及出版、宣发工作。她享受这个工作,沉浸于文字中是快乐的、宁静的。

再后来,联想集团从新大厦搬迁到现在的软件园新区。"大家还没搬进去时,我就进去过了,因为入驻新址要对员工做预告宣传。那时西区里面空空荡荡,一路之隔的东区还是一个大工地。"彼时她已在内心做出了最终的选择,知道自己并不会随大家搬进去办公。这是继玲在联想的最后一班岗。

长时间的犹豫终于落地,她离开了工作长达20年的联想。在这里,有她几乎全部的青春。

联想离职的员工组了个群叫"传奇社",离开联想后继玲进了群，义务运营传奇社的微信公众号，和大家交流比较多。她先后去了两个同事的创业公司，但都很短暂。那几年真是创业维艰。

2016年，信息技术（IT）、互联网及相关行业的泡沫已经很明显了。到了疫情前一两年，开始有许多IT精英卖保险的故事，跟现在出现的研究生送外卖一样。

继玲说她真心认同保险行业"我为人人、人人为我"的理念，她自己很早就开始买保险。"先别想自家出事，先想能利他。自己好好的不理赔，就当烧香了呗。"

她不像有些保险从业人员那样总在朋友圈里晒团队业绩或是做"恐吓营销"、分享理赔案例。她在朋友圈分享的大多是在这里上课、在那里做义工。

我好奇瘦瘦小小的她哪来这么大的能量，单就时间管理来说，也真是了不得。

保险公司每天要开早会打卡。继玲从回龙观到西直门，7点半到8点出门。"这时间、这路程，还可以的。"

现在已经不再是新人的继玲，不拘于打卡和早会，有了更多的自由度，但她保持着每天早上七八点钟出门的习惯。如果早会上没有特别的事情，她会在楼下的咖啡馆里打开电脑，做周计划、月计划，日事日毕、批处理、复盘，在联想学到的高效能人士的习惯已成自然。

开始做保险后，就有很多前同事找她咨询。她慢慢发现，保险并不只是金融工具，也不只是风险管理，它的底层是人的生命观、价值观。人纠结的是亲密关系，担忧的是不确定性。保险保障的背后，大家关心的是退休、养老金规划、养老资源（养老生活方式）；生病、特别是慢性病，养老护理；病重、安宁疗护、临终关怀；还有生前预嘱、遗嘱与传承，等等。

这几年下来，这些都成了她的学习范围和工作范畴。这些看似不创造什么价值的工作或许是她落单做业绩的"商机漏斗"，但似乎也不完全是，经常拓展着、拓展着，就走上了免费服务的岔道儿。总之，她不太会拒绝，也习惯于把自己的时间表排得满满的。

3年疫情，约见客户不易，倒也给了继玲难得的学习机会。她曾在泰康分享过自己这3年"没有浪费任何一天"，坦坦然的底气是她的付出。

从事保险行业以后，继玲上各种课，考各种证，生生把自己从一个文科生修炼成了商科生。她最看重的是美国注册财务策划师的考试，考试时间恰与儿子的高考是同一个时段，京津两地的母子经常在微信上互相鼓劲儿、打气——这是我最认可的教育孩子的方式，自己加油、努力做好示范，少言传多身教，别只拍桌子逼孩子。

不能出京的那段日子里，她经常留守在公司办公室里，听课、做题。"夜晚的办公室格外清静，有时全楼都没什么人。一个人效率很高，做题到晚上10点多，锁上办公室的门，再坐地铁回家，反正回家也没人。"

3年来，继玲还学习了大量与安宁疗护相关的课程。对生命教育的热爱，她觉得可以追溯到很多年前对自杀者亲友的陪伴。彼时，30岁左右的继玲就开始思考生命与死亡的问题，不是文学的浪漫，而是真实的、严肃的、沉重的，无可回避。

2022年，继玲参加了协和医院的安宁疗护志愿者培训，"特别喜欢这个有情怀的医院"。年底，大家接二连三地感染新冠病毒，医院急诊压力剧增。继玲"阳"过之后，马上报名了协和医院急诊志愿者，成为首批上岗人员。

看到她穿着全套防护服值班的照片，传奇社的社友们都很关心她，纷纷嘱咐她做好自我防护。"看到大家这么关心我，特别温暖、特别感动。联想还是有家文化的。"

疫情过后，继玲又去尝试新的志愿服务——她成为协和血液透析中心第一批肾友联盟志愿者。这里有不少"透"了很多年的老患者，身体上有各种不适，心理和情绪上也跟常人有很多微妙的区别，不容易接纳别人的帮助，陪伴难度很大。她能够很快与不同的患者建立起信任，形成稳定的病房陪伴关系。她讲到这里时，我们不约而同想起在联想学习过的一本书——《信任的速度》（*The Speed of Trust*）。

学习不止于此。疫情期间，继玲还参加了中国生命关怀协会北京慈愿工作站组织的临床心性关怀师（CPE）培训，开启了另一条"业务线"——作为志愿者进行陪伴关怀。2022年底，清华长庚医院疼痛科安宁疗护团队与慈愿工作站合作，继玲作为慈愿工作站派出的心性关怀师，又开始跑清华长庚医院了。别人不理解她的付出，她却很珍惜这些机遇，跟医护人员在一起开会，也让她打破了对医护人员的传统认知。尤其是长庚医院疼痛科主任路桂军带领下的安宁疗护团队，医、护、社、药等成员，加上继玲和同伴等受过专业训练的心性关怀志愿者，一起给病人提供身心社灵的多元疗愈。

急诊、重病、临终，意外来袭，生死关头，继玲看到了众生相。

她心疼那些病人——有独居的中年女人自己叫救护车来急诊，没有亲友陪伴，120的急救人员只好推着救护床到缴费窗口，女人躺在救护床上举着手机，刷卡结算费用。她也感慨医护之不易——一次急诊值班，一位老人在轮椅上晕倒、滑落，急诊大厅里的护士立刻冲过来，帮老人做心肺复苏，把老人抬上救护床。

2022年9月，她发给我一篇公众号文章——《一场别开生面的生命画展》。文章记录了一位叫安心的女子，美丽，多才多艺，毕业于北京大学，就职于清华大学，却不幸在2021年底查出肿瘤。配合医生治疗身体的同时，她用艺术疗愈自己的内心，抱病挥毫，表达对生命的领悟。继玲和长庚医院安宁疗护团队成员一起，为她筹备了告别画展。

她说陪伴过的有肺癌、肝癌、乳腺癌、卵巢癌患者，有胆管癌、结肠癌、胰腺癌患者，还有白血病、黑色素瘤、肾病衰竭患者,以及一些从未听说过的罕见病患者……

我问她:"你不怕吗?"

继玲摇头:"不怕啊,我没觉得有什么可怕的……就是病的种类可真多啊。"

言语间,我觉得她何止不怕,她简直是热爱病房陪伴服务。天然的亲和力与沟通力、过往心理咨询师的训练、安宁疗护及心性关怀的专业知识,让继玲的能量在这个场域里得到了空前的释放。

做过 N 多年企业内刊主编的继玲,也没有浪费自己的文字能力。她采访过护理学院毕业的规培生、各种患者家属;也写过查房会议的记录、陪伴患者的感受……联想 20 年的职业训练,现在做个 PPT、案例分享,于她来说驾轻就熟。她是同伴眼里的宝藏姐姐,低调谦和,却掩盖不住才华和底蕴。

"陪伴患者,让我对疾病与健康、保险和传承都有了更深刻的认识。"

"有的肿瘤患者之前没有买商业保险,今年的社保额度已经快用完了,就有些焦虑,跟家人盘算着不同的方案,也希望了解更多的救助信息。"

从继玲这里,我第一次了解到,医保是有额度的,如果住院治疗费用达到封顶线,可以根据病情申请"特病"以提高额度——当然要经过相应的审核。这两年,很多政策在执行中都有便民普惠的调整,比如,大病特病不再限定只能绑定在一家医院了……不遇到事儿，普通人是真不知道这么多细节。

和再就业之初相比，继玲的眼中少了迷茫和躲闪。她怯弱又笃定地日日奔波，助人、利他，也成全自己。

2023年12月27日，"华人生死学"官网发布了王继玲的论文《不同亲密关系对灵性关怀的影响及因应》，她开心地把截图发给我。我发现她居然和钱理群同框了，我们北京大学这位老教授的论文是《养老学、养老生活与死亡》。

继玲从7月开始提笔写的这篇论文，源自她在安宁病房进行心性关怀的真实案例和深入思考。"陪伴过各种病人，看到各种家庭结构和亲情关系，我越来越喜欢生命教育了，也更能'以终为始'地看待事情了。"她谨慎地措着辞，"我希望人生能更加丰富，自己一直都能温暖而有力量。"

孩子顺利进入大学，疫情后生活恢复常态，论文已发表。她感觉2023年圆满了。

经向生命关怀协会申请报批后，慈愿工作站开办了2024年心性关怀课程培训，王继玲受聘成为一名培训讲师。她微小而持续的光，将会点亮更多心怀善念的人。

任增强
规划人生　终身成长

新冠疫情期间，因为业务合作的关系，我和新奥集团的同事去拜访了久违的任增强。他当时的办公室就在上地三街的留学人员发展园，窗外是曾经的联想新大厦。

新大厦早已易主，一层甚至有一家湘菜馆。我们在那里吃饭，感觉一切都很恍惚。唯有老任这个联想系里公认的靠谱人儿，让我觉得真实、亲切、安全、可信赖。他不高的个子、微黑的面庞，在那里，稳重得像个立式机柜。

老任在联想最大的标签是"18棵青松"之一。18个人到底都是谁，我一直背不下来，只能听老任细数风流人物："16个销售加2个商务。当时销售部的头儿是刘志军，副总经理是赵建平。中南区的头儿是俞兵，我在中南区；华东区的头儿是刘海峰，员工是陈泉……纪京松是东北区的头儿，还有井耀、刘宏两位女士；商务是两个人，一个是张继新，一个是蓝烨……"

我又想起一件事:"有过一个说法,'联想电脑'这个名字是您起的?"

"不能完全这么说。你记得 1995 年那时候叫微机事业部吗?国内当时把电脑叫微机,和大型机对应。我喜欢看书,看到有人译成'电脑',我觉得电脑好。1996 年写代理协议时,杜建华牵头,起草人是我和张晖,当时封闭在技贸楼对面的气象局招待所里。那一版很复杂很复杂的,算是第一版正式的代理协议吧,可以说第一次用'电脑'替换了'微机'。"

"我和张晖抽了不少烟,下了好大的功夫才攒出来这个代理协议。跟杨元庆汇报,他说:'哎,这个名字好!就用这个吧。'后来随着推广,'电脑'这个词就普及了。谁能想到后来联想成了全世界个人电脑的顶尖品牌。"

联想电脑公司成立于 1997 年。那时任增强已经加入联想 5 年了。

"我从小是在部队大院长大的,祖籍郑州,跟着父母走南闯北。小学、初中、高中全在湖南,高考前最后两个月,又回到郑州,在最卷的省份参加高考,上的北京航空航天大学。"

那是幸运的一代人。到北京上大学,让这个认为自己来自湖南的年轻人处于一种特别兴奋的状态。那时还叫"小任"的他感觉一切都是新鲜的,新鲜的知识、新鲜的思想,"就是春天到来的那种感觉"。

老任的专业是自动控制，1988年被分配到航空系统的一家研究所。他在那里工作了4年。

"当时国家减少了军工投入，为国民经济建设让路，开始推行'军转民'，军工单位也要自己挣钱养活自己。军工单位的技术好，做民品利润非常高。我们那时一个小组就10个人，如果当时有政策，做成个上市公司完全没有问题。但政策跟不上，个人干得再多，年终奖金也就多10块钱。所以我们基本上每年干2个月、休10个月，上班就在玩，不可想象吧？"

时代的滚滚洪流里，一个人，一个没根基、要上进的年轻人的选择显得如此重要。任增强说："我是没有荒废一点时间，别人休息，我就学习、看书。"

"我是一个比较有规划的人，可以说是有理想吧。大学毕业的时候，我就想，未来我应该是要管一个公司的。"

他看着我情不自禁地笑，一脸严肃："真的，我就想将来我应该管理一个公司，并不是说自己出来开公司。那时候都是国营单位，除了国营单位就是小摊小贩。所以那时我不是想创办一个公司，就是要管理、运营好一个公司，不能是那么个松松垮垮的样子，得让技术发挥价值。"

于是，任增强朝自己心里这个远大而模糊的方向去积累。"毕业以后，我搞了4年的技术开发。计算机的底层，从硬件到软件，我全部搭建过，能形成一个完整的控制系统。后来回想起来，这个过程对我帮助很大。"

"到了1992年，我就想着要出来，要补充管理公司的能力。搞了几年技术，得学做销售，所以我就开始四处面试。"

"当时的中关村生机勃勃、公司林立，但我心气儿比较高，大多数公司我是看不上的，就选择面试当时最有名的四通、联想这样的公司。5月去面试，由于是面试销售岗位，而我是技术背景，没有一个大公司看得上我。到后来，大约是7月，联想给我打了个电话，问有一个售后的岗位愿不愿意考虑。"

"我想着先进去再找机会，就参加了售后岗位的考试，成绩很好，主要是因为我技术过硬。当时的售后跟现在的不一样，现在是换板子，当时要换芯片、电阻、电容等。"

老任入职后首先负责联想十几家分公司的售后接口工作。各分公司会把需要维修的零件，如显示器、键盘、主板等寄回维修站，老任就负责把这些零件分组，显示器给显示器维修组，硬盘给硬盘维修组，主板给主板维修组。修好后，再收集起来打包发到河南分公司、南京分公司。这些对于一个北京航空航天大学的高才生、一个做过大系统的人来说，实在是太简单了。一天的工作，老任一两个小时就能干完。

有想法的任增强却很愿意干。他不仅分配这些零件，还主动帮着每个组的师傅去修东西，先是看，再是买书琢磨，然后上手。老任聪明、好学，两三个月下来，主板、显示器、硬盘，没有他不能修的。

"那个时候维修站的许多老师傅都是中科院计算机所的，能力也都很强。为了跟他们学东西，我基本上不回家，就住在维修站里面，学完就睡在维修桌上，跟一个农民工睡在一起。我和维修站的上上下下沟通协作得很好，还有一个原因，我从不争收入，我知道自己是在学习，我应该投入。当时维修站的经理比我大一辈儿，对我很器重。"

这样的年轻人，谁能不器重呢？

"到了来年3月，我跟销售部的一个负责人出了一次差，就是俞兵。老俞让我跟他配合做销售，做技术支持。"一战下来，俞兵也十分器重这个小任。等到组织调整的时候，他就来要人。

维修部一看，立马就要任命任增强为副经理。"我那时才26岁，这是个挺高的职务了。那时是专业维修组分工，整个维修部就一个经理、一个副经理。副经理相当于现在的副总经理，而各专业维修组都是计算机所的工程师、高级工程师。"

"但我是来学销售的，我的规划是未来管公司，所以我还是'被'俞兵拉去做销售了。"在市场经济的大潮里，销售、直达客户、创造业绩无疑是企业里最激动人心的一环。维修站的老领导理解且支持，但他不知道的是这个年轻人来联想瞄准的岗位就是销售。"我的人生规划是要管理运营公司，所以必须学会、做通销售这个环节。"没有什么人知道任增强内心的想法。

"1993年,我开始跑销售,从中南区到后来的国内业务部,再到后来的京津冀大区、中央大客户部。"

"跑"这个词是非常生动的,代表着勤奋、拼搏、比别人更多的付出,IT比之其他行业、联想比之其他同行、老任比之其他同事,都跑得更多,也更快一些。

"负责河南和湖北的时候,我每周基本上是这样规划的:星期一拿着黄页给各个地方打电话,星期二开始出差,哗哗跑几遍,生跑硬磕。那时的联想就是一个初创的小公司,市场还是国外品牌占主导,国内的都不行。我们的产品没有竞争力,价格还比国外的机器贵,根本卖不动。"

"当时真有不少人混日子,把产品难卖当成借口,整天不上班,来公司就是找几个人打麻将。这就显出我特别努力,一个菜鸟,业绩还特别好。"他笑着补充,"我这菜鸟也就是在联想显得菜,当时联想的营销团队已经是业界最好的了。"

用现在的话,任增强是一个自定目标、自我驱动的人。他的讲述让我想象的创业期人人奋勇争先的场景,有了更加真实、丰富的层次。也理解了杨元庆接手个人电脑(PC)业务以后的一次次改革,在产品迭代的同时,联想进行着快速的组织迭代。过程中,他重用的都是像任增强这样的年轻人。联想那时的文化就是为员工提供没有天花板的舞台,让人人成为发动机。

"1994年,当时所有做PC的部门整合,加起来可能有大几百号人，一下子砍到了 125 人，统称微机事业部。然后，渠道战略、直销全部砍掉，还有研发、营销方面的策略都十分鲜明。"

这样的联想，在英特尔、微软众多的中国合作伙伴中脱颖而出，争取到了中国 PC 在技术上与国际的同步——以前国内电脑至少比国外落后半年，价格还高很多。低价、高性能的产品，贴身的渠道与服务，一场场战役让联想电脑这个民族品牌从跟随者到引领者，迅速崛起。

"元庆在产品创新方面是很厉害的。天禧电脑，那时候就看到了互联网的发展，意义特别重大。和英特尔公司合作奔腾系统，价格一下子降了很多；包括做'幸福之家'软件应用，还有 1+1 细分出家用电脑这个品类，都十分了不起。"

追随着杨元庆的老任，在这个阶段一直埋头干活，他说自己最大的缺点就是不爱和领导主动沟通。一个有拓展客户能力的人，从来没有把这个能力用在自己身上，"光琢磨着怎么卖机器了"。

"我在联想 12 年，没有一个季度没完成任务，无论是个人，还是带部门，无论是经济好的时候还是差的时候。"有业绩的人说话透着硬气。

"客户认知最难改变，那时候政务采购绝大多数只认国外品牌的电脑，这是我最不服气的地方。"

老任回顾了一个经典案例。某省财政厅给 100 多个县采购电脑，每个县 1 台，在当时算很大很大的单子了。前期联想派人做了很多工作均无果，财政厅马上就要发文了，说是章都盖好了。老任打听到这个内部消息，就亲自去堵那个主管副厅长的门。早上 8 点，他就站在人家家门口，见到副厅长就一句话："我觉得您还是应该买联想电脑，我有 3 个理由，您给我 5 分钟。"副厅长让他进屋，5 分钟以后，他出来了。第二天全部翻盘。

这样的传奇，老任有很多，在联想的各个岗位上也有不少——把 5% 的希望变成 100% 的现实。就是这样一个个传奇铸就了联想的辉煌。

老任在联想拿奖无数。2003 年获得了企业文化中含金量最高的"联想风范奖"，业绩是拿下了 300 台防火墙的订单——那绝对是当时的防火墙第一大单。表彰的原因是这个单子原本已经过层层评估，基本确定别家了，而老任锲而不舍，经过 40 分钟的客户攻坚，最终拿下订单。2004 年他又荣获了联想最高奖项——"联想奖"，这个奖是颁发给那些领军人物的，要带领一支队伍持续取得辉煌业绩，每年只有两三个人可以获得。

老任是怎么说服客户的？怎么让客户觉得联想产品更能满足他？毕竟那时的电脑产品差异真不大。老任说："没别的，就是要深入技术细节，你越懂产品就越能赢得客户的信任。"

"一般销售人员做了前期关系，就拉上产品经理来和客户沟通，但我基本上都是自己来。这得益于我有技术背景。

我设计过产品,也维修过,所有和电脑相关的东西,从板子开始,我都懂。我会找研发、找测试,给我讲讲那些细节到底是怎么回事儿,有什么设计上的不同,如何让产品质量更好一点儿。"

"做大客户,我很自信,没有几个人超过我。但是我跟你说,没有几个人会认为我这方面能力强,或者说不会太认同我的打法。我不怎么抽烟,不怎么喝酒,性格也不是很活跃。"

老任总说自己是"木讷型"的,实际上他是个很会玩的人,体育休闲类的都行,网球、桥牌、高尔夫等,这些在IT圈子里都很流行。还有一点是我特别认同的,销售的本质是直指人心的工作,而老任为人真诚。如果发现产品有问题,他宁可丢单,回来和内部各个部门打一圈儿架,也不让客户承担风险。

到了1998年、1999年,前二十大券商中,70%都已是联想的客户。安全部、四大行、中国人保这些都是顶级的高标准、严要求的客户,以前根本就不沾国产品牌的边儿。老任回忆起当年把四大行信息中心的负责人请到一起,依然心潮澎湃。那个活动应该是我当时在服务器事业部牵头做的,中国建设银行河北省分行来做的案例分享,这创新了客户证言的推广模式。所有人都很激动,因为联想真正进入了关键行业的关键应用。

意识到大客户的重要意义,2000年,联想商用业务进行了一次重大的调整，正式有了大客户部门。老任的北航同门师弟大王刚、刘俊彦先后管过这个部门。那段时间，我也在这个部门，负责市场推广，但老任说对我印象不深。

他印象深刻的是那段时间，有一股巨大的冲击力——互联网。他把那一年的金融展视为自己的互联网转型。

当时，联想和刚分家不久的兄弟公司神州数码都要参展，各有一个展台，双方都想邀请柳总代表自己出席并发言。柳总让各出一篇稿子，最后从中挑选一篇。联想电脑这边是老任负责。"我给柳总汇报完，他说，小任，就用你那个稿子。"

那篇讲稿的题目就叫《互联网金融》，结论是互联网将改变金融。之后柳总又做了进一步的指导，老任花了两周的时间修改。"很超前，对我触动很大。为了写这篇稿子，我看了很多资料。从那以后，我坚信互联网将改变世界，我要做互联网。"

在这之前的1998年，国家经济贸易委员会组织了一个全国干部学习计划，凡大型企业的人可以参加全国工商管理硕士（MBA）统考。那年北方交通大学一共就招两个班，考上的免3万块钱学费。联想当时有十几个人报考，只有老任考上了。"那可不是半工半读，工作一点儿不能耽误，那时候又特别忙，只能是晚上、周末上课，可把我累坏了。"

为了学习，已经收入不低、生活不差的老任，由于没时间找房子，就用最快的速度在学校附近租住了地下室。中途有人学不下去了，但老任硬是坚持了两年，而且觉得终身受益。

他的论文指导老师是经管学院的副院长赵坚教授，很有名望。"论文开题时，有两个方向，一个是营销方面的，相对我的经验来说更简单，另一个是企业核心能力，非常难写。我选择了难的，因为我不是来混同学、混文凭的，我不需要，我有我的规划。"老任至今在办公室存着这篇论文的复印件。"这个写完，对我以后做企业特别有帮助。"

任增强曾经看到哈默教授两页纸的英文文章，就是谈企业的核心能力，这引起他很大的兴趣，之后他有意识地学习相关的论著。

"带着大客户考察团去美国，我一路都在看书、思考。以身在其中的联想为实例，我深刻地认识到一个企业要发展必须具备核心能力。自知者明，定位好自己的核心能力并不断强化，让底层有支撑，是企业立于不败之地的根本。"

让老任能力提升很大的还有麦肯锡项目组进驻联想，进行全面战略转型的规划辅导。

我记得当时联想全员都"被折磨"得很厉害，那完全是一个重塑认知的过程，用剥皮抽筋、脱胎换骨形容亦不为过。规划了几个月，天天干到后半夜。联想新大厦外，总有半夜两三点趴活儿的出租车，司机们都发现了这里的"午夜商机"。

老任是我迄今听到唯一一个说喜欢那段日子的人。"我是特别认真地跟着学习的，至少销售里我是最认真的。"

"大概从1998年开始，元庆会定期召开总经理联席会议，听各部门的汇报。研发、商务、人力资源，各个部门都要汇报，我特别爱参加，记了不少笔记。"

为什么会这么认真？为什么这么爱学习？

因为老任一直在向自己的理想迈进。"我觉得我要管企业，这些对于我以后办企业会有帮助。"

实战、理论加复盘，老任的所学、所思紧紧围绕着他的目标，有意识地进行积累，虽然那个时候的他并不知道什么时候能有个公司让他管。在大家眼中，他就是个执行力强的超级销售。

2001财年伊始，联想又一轮改制，老任也想改变一下被大家定义的角色。他明确表达了自己不想做后端，不想管集成业务。有块新的安全业务，只有9个人。他想试试。

"当时所有人劝我，这业务太小了，我接手前的半年总共卖了7台防火墙，还都不知道卖到哪儿去了。"主意很正的老任看好信息安全在互联网时代的重要性，后来硬是把这9个人的团队带成了700多人，并成为联想第四大盈利业务——这个说法来自杨元庆在一次大会上的公开演讲。

"我觉得，一定要做和互联网相关的业务。我之前见过没发迹的张朝阳，穿得很不起眼。他讲的什么门户网站、内容分发，我们根本听不懂。但是他描述的前景，我不仅信，而且，憧憬！"

"那时华为在网络方面已经比较强了,再做这块会很难。我觉得信息安全是机会,互联网天然缺少安全。"

"还有一点,我就是看中了联想孵化的这块业务很小,可以不受干扰,让我自己慢慢摸索、从小做到大。"

信息安全所在的是 IT 服务群组,有七个业务、两大职能,这块弱小的业务刚开始"是完全被忽视了的"。但从老任正式接手的第一个季度开始,这个团队就开始盈利,之后每年百分百以上地增长。3 年后,信息安全业务成为 IT 服务群组唯一盈利的业务,"我们的话语权就是最重的"。

2000 年至 2003 年,被称为 IT 业的寒冬,联想一直在裁员,只有这个团队静静地、稳健地、高速地发展……所有人都认为老任就是碰着了,只有他自己清楚,一切都是按着他的规划,"有计划、有预判、分步骤地发展"。即便如此,当公司在大会上宣布信息安全业务成为联想第四大主营业务时,老任依然觉得有些不可思议,就 300 多号人,创造了一个冬天里的奇迹。

"当时如果把信息安全独立出来,我们现在一定是个很大的上市公司了,最少值 300 亿元,很可能值 500 亿元。很可惜,当年的我没这个魄力,我还是个传统偏保守的人,完全没想过单干。"回顾往昔,他认为奇迹本可以再大许多的,但世上从来没有如果。如果有的话,他肯定更不希望后来把联想网御卖掉。

在联想的 IT 服务群组被亚信收购之初,老任觉得脱离联想PC文化或许是个正确的战略选择，但他没有想到产品文化和亚信的服务文化冲突更大。

"互相不理解，就会打架，打了一年，彼此还是不理解。"文化冲突体现在具体工作过程中是无数的细节，出差借款、报销都不一样，人力资源政策、奖励制度也不一样。接受不了被改变的原联想各个业务板块纷纷独立出来。

"信息安全是最大的一块，一半的部委是我们的客户。客户很认可、支持我们。我们在市场上处于完全主导地位，利润非常好。"2006年2月，任增强决定带领联想网御的100多名骨干离开亚信，独立发展。

摆脱大平台束缚、独闯天涯的老任意气风发、信心满满。

老任成立了网神信息技术有限公司，一度发展非常快，2012年就报到创业板，准备上市。网安公司上市都需要10年以上时间，一般是十三四年，而网神从成立到报材料只用了6年。

然而天有不测风云。"才报完材料，就赶上证监会搞核查，抽中了15家公司严格核查。证监会派了10个人到企业现场去检查，跟着你去走访客户，看你的系统，当时大概有2家就撤了。我们核查完了没啥问题，基本上坐等上市了。但谁能想到，紧接着IPO（首次公开募股）暂停了，一停就是两年。"

更要命的是，一向自以为身体很好的老任，开始各种出问题，而且怎么查都查不出来是什么毛病。"就是没有劲儿、浑身无力、没有精神，中医说是寒气太重。CT 查了两遍都没事儿，但就是一会儿头疼、一会儿肚子疼、一会儿胸闷憋气，后来发展到说不上 10 句话就连呼哧带喘，只能归为严重的亚健康。"

一直闷头拼搏的老任，一脚刹车被迫停了下来。当时互联网安全领域风光无两的奇虎 360 提出了收购的邀约——那两年面向消费端（To C）的互联网企业都有一个梦想，就是做硬件、进入企业级市场。

当时江湖上听闻此事，大多数人都对老任和他的团队挣了一大笔钱极为羡慕，谁不想财富自由、上岸解套呢。

"钱这个东西大家都喜欢，但我的规划目标从来不是钱。"老任说，"我们这代人很幸运，赶上了改革开放所有好的时机，联想早期的激励机制又好。90 年代末，我负责的中央区掌管联想 PC 一半的份额，收入一定是偏高的，这是时代的红利、行业的红利。"

老任说前一阵还翻出了 1997 年的工资条，没算股票，全年共计 28.5 万元——这在当年完全可以在北京买一套不错的房子了。

"在联想做信息安全时，除了我们，其他业务群组都亏损。我是跟群组挂钩的，工资 3 年没涨，没有奖金。但我的团队却因为我们的业务每年翻番，工资年年涨，奖金让其他部门羡慕不已。有朋友说你至少找老板谈一谈吧，但我没有。我要的是我的成长，我得到的是终于能独立掌管一块业务。"

"2006年初，因为辞职离开亚信，我得放弃联想和亚信的股票，价值1000多万元吧。"2006年的1000万元是什么概念？上地的房子也就4000—6000元每平方米，80万—90万元能买一套房。这么算，老任至少放弃了10套房子，并不是每一个人都能这样放弃的。

"人还是要志存高远，知道自己要追求什么。"

目标明确，该放就放。

但事隔多年，老任还是非常遗憾因病而放弃的网神信息。那是他一点一点做起来的，是他的事业、他的追求，凝聚了他的心血和汗水。"真的像自己的孩子，但凡当时身体好一点点，根本不可能卖。"

经历这么一大宗的复杂交易，老任居然没见过周鸿祎，因为他当时病得说不了话。奇虎360后来又将这块业务分离了出来，成为目前国内最大的企业端（To B）网络安全公司之一奇安信的核心业务。"我们是贱卖的，估值十几个亿，完全按上市公司评估材料的价格卖的。"

老任在江湖上消失了很久。

有一次我去延庆郊区的一处别墅区看朋友，听说他就住在那里养病、读书，但我没见到他。那时老任的生活就是喝中药、读书。

"书中自有黄金屋，没有什么比读书更重要的了，不论你干什么，即便唱歌跳舞，思想和认知也是给你打底儿的东西。"

老任书架上的书很杂，很有年代感、具备我称之为"古典IT人"的典型性——管理类学以致用的居多，德鲁克几乎是全的，人力、产品、研发、营销、战略，还有品牌、财务；经济类的也不少，《国富论》《宏观经济学》《微观经济学》等；非常醒目的还有毛选、邓选；从毛泽东、布什、克林顿、特朗普、李光耀到乔布斯、马斯克，人物传记也不少；闲书有余秋雨、金庸、梁羽生、古龙，甚至三毛；再就是国学典籍，《论语》《道德经》《庄子》《资治通鉴》《三国志》；以及中欧、北大和联想做过的培训讲义……

"我特别佩服俞敏洪，人家一年能读100多本书。我不行，我只会精读，速度很慢。我还喜欢去听讲座，听人一席点拨真的胜读十年书。以前我经常到北大听讲座，疫情后到现在都进不去，挺遗憾的。现在经常到中欧工国际商学院听讲座。"

"以前读书目的性强，实用主义，生病那一段慢下来，能花时间细细品味了。"

当年在北方交大读完MBA以后，有不少同学继续深造博士，忙着做业务的老任没读。他希望能进行深度的系统学习，但这不是读个博士学位能解决的。40多岁以后，他"想从哲学层面去重新理解这个世界，唯有认知越广，决策的正确性才会越高"。2008年，老任开始在北大系统学习中国哲学，一个月三天，持续了一年半。

"《论语》我基本上能背下来。《道德经》我第一遍读的时候，感觉朦朦胧胧的，越读越觉得深奥，反反复复地看，不争、无为而治，都特别启发我思考。还有《庄子》的以故事明道理、孟子的逻辑美，由小及大的推理，读起来心旷神怡。"

在国学里领悟企业经营之道，是中国企业家的必然。

"国学让我更具包容心。创业公司和联想那样的大平台不同，你不得不用各种人先让系统运转起来，生存与长期发展是个矛盾，这让人很痛苦。如何改变心境，做到'和而不同'？什么是容，什么是忍？忍的内心是抗拒的，容是我认，我能装下，有容乃大。"

现在老任管的公司，是科技部科技成果转化基金投资的一家网络安全企业，名叫"六方云"，规模在300人左右，原来联想的人也有，但并不多。

作为创业家，老任将学习到的智慧运用到日常工作中。当领导，他会想："为政以德，譬如北辰，居其所而众星共之，就是一定要以德为中心，像天上的北辰星一样，待在你该待的地方、把自己先立好，其他星自会围着你转。"

用人，他会"视其所以，观其所由，察其所安"，看他做了什么、为什么要这么做还不够，一定要"察其所安"，就是他的心在哪儿。把这三个都看了才能看出一个人。

对待合作伙伴，他最喜欢的一句话也是出自《论语》：

"君子周而不比，小人比而不周。"不论是事业上的合作伙伴，还是上下游、客户，他希望大家能互相帮助、共同成长。"做事业，其实最终还是做人，尤其是一起做生意。真心的朋友绝对不会完全附和你，在内心真的要帮助你，就会表现出很多东西是跟你不一样的，他会警示你。"

对于事业的未来，一直规划人生、弄潮时代的老任认为这是"顺其自然得自然"的事情。

"物联网发展的第一阶段，最有价值的是工业互联网，即互联网与工业的结合。这将大大提升工业效能，工业互联网安全必将随之发展壮大。"

"中国是工业大国，推动工业大国成为工业强国的重要途径是工业互联网，这也成为国家新基建战略的一部分，而工业互联网安全是其中不可或缺的一部分。"

"当前环境下，'网络安全'对国家越来越重要，'底线思维'是国家发展的基石。"

"工控是我们的重点，安全物联网就是未来最有发展空间的，至少能支撑二三十年的发展、千亿元以上规模。"

"那么凭什么是我们？我在这个行业积累的知识、经验，当然也有这么多年的人脉。客户是最宝贵的资源，因为这个时代，客户是参与研发、参与生产的，客户也在贡献know-how（技术诀窍）。这些客户的需求、经验，对于六方云的成功有很大的帮助，这是其他初创公司和远离客户的企业很难做到的。路径上，第一阶段我们计划是8年，前5年高速扩充、不求盈利，后3年进入盈利、报材料，这是大的节奏。"

老任是谦虚的，在这个行业他何止是有一点经验和人脉，他还不算小地成功过，以这种格局、视野、气度来规划新公司，让他的谋篇布局不急不躁、稳扎稳打。

对公司未来的画像，他说："第一个是技术领先，这是最核心的一点，在技术产业里做却没有技术是不行的，未来世界发展的主要推动力来自技术。六方云最重要的就是构建核心的技术能力，以技术保障技术，解决国家与行业高速发展中的安全问题，保障国家工业互联网战略，让万物安全互联。"

"第二就是管理，做好一个企业能盈利的、最基础的东西，企业不挣钱是不可持续的。"

"第三个，在中国的市场里，营销能力是很重要的。营销首先是要能梳理出整个产业的生态、愿景，在其中找到自己的生态位、找出和生态伙伴之间的关系，就是要通大道，而不是简单的销售技巧。"

在成熟的企业家老任这里，我听到的是典型的战略三部曲——做什么、凭什么和实现路径。或许只有成为一个真正的领导者而不是执行者的时候，眼前才会有那么宏大的图景。

老任把六方云定义为一家在人工智能、工业控制安全、网络安全、云计算、大数据等新技术广泛应用的新时代背景下的"新安全"公司。解决万物互联场景里的信息安全问题，确实一切都是新的——从被动防御向主动防御，从防范已知到预警未知，要求安全能力越来越智能。

"政策是最大的驱动，我相信中国数字经济的发展，信息安全市场就要先行，牵引客户。"

"客户由于这样、那样的原因，觉知、行动有早有晚，这个节奏要踩好，是需要很敏锐的感觉的。"

复出前，老任把他的竞争友商、中国大大小小做安全的公司进行了全面的分析，有的公司运作不够规范，而六方云的中高层多为联想、华为出来的，绝对正规军；还有一些企业有一定规模，但战略跟不上市场的发展，产品线不对；还有看似很大的公司，细看会发现产品线太窄或是市场价格竞争力有问题。

"想做大的安全公司，一定要做大产品线，防火墙、工业审计、工业卫士是我们的大产品线。"

目前六方云的客户已经超过 2000 家。老任报客户名称跟报菜名似的，手拿把掐的感觉。他把客户总结为四大类："一是智能制造，包括半导体、家电、制药等；二是关键基础设施，包括能源、交通、水利等；三是军工；四是政府。"

2018—2021 年，六方云的营收年增长率一直在 90% 以上，据老任说是业界发展最快的。不论是技术能力、产品和服务支撑、品牌形象，还是市场规模，六方云都已显露锋芒。

但他更在意的是技术能力。"技术领先是第一位的，这就是个技术的时代，技术才能够产生最大的价值。我们上来就建了三个实验室：第一个是人工智能实验室，整个安全行业里面没几家有；第二个就是工控安全实验室，做工业互联网，我们必须掌握工业特别是智能制造相关的技术；第三个在杭州，是安全行业里面最重要、最基本的攻防实验室。"

"第二条我要求产品卓越，一个产品公司最大的价值就在于产品的卓越，就像宝马、奔驰、苹果一样让客户信任和满意。"

"我们现在的产品在业界应该是过硬的和领先的。未来一年，我们不仅要产品领先，还要打造三四款爆款产品。"

技术领先、产品卓越，这些IT界老得不能再老的语汇从老任口中说出来，莫名带着一种热血。

他说的第三项核心竞争力，更是不新鲜，向管理要效率，用企业文化激励人、凝聚人。每一个大词的背后有多复杂，只有做过企业的人才能体会。

"要培养人，像当年联想培养我们一样。我们企业规模虽小，但每年都要招一定比例的应届毕业生进来。我们这里的骨干三四十岁，都有着10年以上安全行业的经验，都算得上业内的大咖，当得起新员工的指导人。"

"我们用核心价值观选人。"六方云有八大价值观——客户满意、目标导向、解决问题、效率制胜、团队共赢、实事求是、勤奋努力、学习创新。

"目标导向与勤奋努力，是我考察年轻人时最看重的。

那些能带来真实业绩、让人成长的勤奋努力、加班加点就不能叫'卷'。"

"我们公司做年度规划,看3年做1年;然后季度规划、月度规划,及时校准目标。我到现在都还自己写周报、做日历。"

重返江湖的老任,又开始了每周工作6天半的节奏。"我一般星期六上午会打场球,锻炼身体。其他时间我都是工作状态。一场病敲了警钟,我现在很注意自己的可持续发展,每天基本早上6点半起床,锻炼半小时,再工作40分钟,然后吃饭上班,晚上一般7点到7点半结束。应酬很少。"

老任企业画像的最后一条是做一家大公司。"我不做小公司,我要做就一定做市场上领头的大公司。也许10年,也许15年,总之要做强做大。"

"这两年都说经济形势不好,我相信总会好起来的。只要大逻辑没变,没必要、没道理退,有困难你想办法不就完了嘛!"

"什么叫企业家精神?就是坚韧不拔,永不言退。市场在这儿,对手在那儿,你要做的就是满足客户需求,比竞争对手跑得快。行动就是一切,中间肯定有困难,都是障眼法、各种试炼你的东西。想透了,自己调整自己,终身成长、解决问题,没有道理会输掉。"

"我追求不断的成长,长到多高我都心安理得。最终回到那句话，做最好的自己。"

在别人都想着退休的年龄，再创业的老任又一次刷新了自己的人生规划——管一个"专精特新""小巨人"企业。

老任希望他的六方云能在 2027 年上创业板，迈出第一步，他更希望六方云能行稳致远，成为一家技术领先、产品卓越、管理一流、基业长青的大公司——老任跟我反复强调，这些词，一个都不能少。

潘晓冬
存储流金岁月

2024 年 520 这一天，是我第二次见到潘晓冬。这一天是小满，有句话叫"小满胜万全"，而万全是联想服务器的名字。

我是 1998 年从当时的联想集团（现在的联想控股）转到服务器事业部的，当时的上地还是尘土飞扬的初创工业园区。在服务器事业部的 3 年，是我职业经历中最为纯粹、激情燃烧的青春岁月。

2024 年 4 月底，服务器事业部的老前辈克总——张克，组织传奇社一行人去浙江台州玩，我和许久未见的梁军、邢茂伟、高文平等服务器老兵再相聚。5 月初，梁军又组织了一场服务器研发同事的聚会，我认识了在我离开后入职的潘晓冬。饭桌上，梁军这样向我介绍："这哥们儿一直做存储，联想不做了他还做，后来还去了个国企当总经理。"

潘晓冬和我一样是个北漂二代，父亲是教师，母亲是医生，有两个姐姐，学习都挺好。"就我从小是个'学渣'。1988年勉强考上钢院（现在叫北京科技大学）特招的计算机专业大专班，还是复读了一年的结果。但应该说我这个专业选得不错，而且高考时我的英语成绩还挺高。"

1991年毕业后，这些学生的就业出路就是去与计算机相关的工厂，潘晓冬被分配到了一家做激光照排的单位。厂里除了几个高级技工，一水儿的大姐，有位大姐很看好这个踏实本分的小伙子。"好好干，以后你一准儿是这儿的车间主任。"

不想当车间主任的潘晓冬很快就跳槽去了华讯公司。

当时寻呼机（BP机）刚刚兴起，华讯公司是民企里第一家做通信的公司。"那会儿还是模拟通信，谁家要有个频点，就能开一家寻呼机公司。"

潘晓冬在华讯负责800兆集群的设备维护，这是中国引进的第一套800兆集群系统，基站位于老中央电视台的顶层。在这个特殊的地点，潘晓冬开始了长达七八年的驻场维护生活。"舒服！钱不少挣，电梯里总能碰到赵忠祥。""每天上班就是转一圈，然后等着机器设备哪儿出点小故障。工作特别轻松，就是指挥小姑娘打扫机房。"

因为细致、有上进心、干活不惜力以及"北京孩子的眼力见儿"，一年多时间潘晓冬就被提拔成了副经理。在维护设备的过程中，他最受益的是一个老师傅教育他的："这一堆键，千万别弄错了。如果你摁错哪个，一定要实话实说，掖着藏着事儿更大。咱这儿可是在中央台呢，犯的都叫政治错误。"

当时的系统都是美国的，软件更新发展得很快。潘晓冬和同事们闲来鼓捣了一个800兆集群的计费软件、一个客户信息管理软件，这些自研软件卖出去了几套，分了点儿奖金，让他结婚时办了场体体面面的酒席。

潘晓冬很感谢他的一个同学建议他专升本。1994年，这个长达3年的工程终于结束了，他总算有了本科文凭、摘掉了"学渣"的帽子。

"30岁之前我的工作环境就是这样，简单、封闭，就是温水煮青蛙的那种感觉，我觉得不能老这么舒服下去。"

1997年、1998年前后，经一个朋友的介绍，潘晓冬去了一家做"高可用容错集群软件——LifeKeeper"的公司。

这种软件的功能是提供灾难恢复和业务连续性解决方案。原理就是通过这个软件对服务器运行状况进行定时监测，如果测试结果为"主服务器无回应"则视为系统宕机，会将系统自动切换至另一台备用的服务器上。这样可以保障业务的快速恢复并降低运营成本。

干了不到一年时间，他又被一个朋友拽到了名为"华诚奥尼斯特"的公司，"奥尼斯特"是英文"honest"（诚实）一词的音译。这家公司让潘晓冬牵头组建一个新部门，名头挺大，叫"系统集成事业部"，来了一看其实也就是销售

LifeKeeper 软件。

技术过硬的潘晓冬，比其他销售更了解这个产品的客户定位。那时全民炒股，对双机容错最有需求的就是证券营业部，因为证券交易期间是绝对不允许宕机的。

卖软件需要凭关系找项目，潘晓冬很忌讳这项业务与前东家的竞争关系，跟熟人抢生意，他觉得磨不开面儿。

午夜辗转，他脑海里满是前老板在他离职时说的话："晓冬，就你这性格，出去怎么跟我们竞争啊？"

"那是一个挺好的老板，是位下海的女教师。但她这句话太刺激我了，激发出我性格中想赢的那一面。"

潘晓冬咬着牙把产品卖了出去，后来销量还超过了前东家，帮着华诚奥尼斯特拿到了 LifeKeeper 在中国大陆的总代理权。此时，他忽然发现市场是足够大的，并不真正存在所谓的竞争关系。

但当时的中关村一条街，总体上确实还是无序竞争的状态，膨胀的需求、高速的发展，导致一众作坊式的小公司唯利是图，操作很不规范，甚至一度被称为"骗子一条街"。

高强度的工作，事业上的小胜，给潘晓冬带来的是一点物质的积累与极度的疲劳和困惑。

已升为副总的他不仅要做好技术支持，还要跑客户、负责招投标、发展渠道、招人、留人。身为领导须事无巨细，一点儿盯不紧，货就可能被人骗走。还有员工吃回扣、干私活儿、卖盗版，什么情况都有可能发生。

凭着本能、靠直觉做事，潘晓冬感觉自己已经扛不住了。

30岁出头，本该是精力最旺盛的年纪，但他觉得自己的体力、脑力都不够用了，每天被一堆事情推着跑，即便发高烧都不敢不去上班。

"像电影《红菱艳》里穿上神奇的舞鞋那样，我的脑子在一直不停地转，跟上了发条似的。""我一个做技术出身的，学历不高，忽然感觉自己什么都不懂了。"

他很感激当时的总经理许诣。这位国企总工出身的领导是常州人，特别有书卷气，身上带着在中关村里少见的温文尔雅。他送了潘晓冬一本书，"书名大约是《渠道管理与分销》，记不清了，很实用。那本书是许总已经看过的，他把里面和流程、渠道建设相关的内容，都折好了页、画了重点，让我精读"。

"我第一次接触到技术以外的东西，才知道这些事情都是有专业性的。"根据书本上的知识，潘晓冬第一次草拟了销售合同、代理合同。

但这些知识依然远远不够。

世纪之交，联想的液晶大战给了潘晓冬极大的震撼，一个公司的势能、营销力把整个行业一下子颠覆了。旁观的潘晓冬，仿佛看到浓雾中隐约出现了一艘航母，颇有横扫中关村之势。

1999年底，另一个刺激人的消息出现了：《联想自产数百名百万富翁，平均年龄不超过30岁》。就是这么个标题，让人们知道了作为长期激励机制的"认股权证"。

"中关村都炸了，个人创富的梦想谁听着不热血沸腾啊，要知道那会儿年薪10万就是一个大坎儿。"

我清楚地记得1999年是联想全业务线发展最快的一年。万全服务器推出了8颗中央处理器（CPU）的4500，并销售给河北建行，进入金融核心应用。转年的立春，2月4日，我们服务器部在顺义怡生园搞了一场研讨会，请了60多家金融客户。这次活动的成功举办，让联想对于依托服务器向高端企业级市场发展的信心倍增。杨元庆在内部的春晚上说，要拥抱当时服务器事业部的总经理陈立。

卖软件的潘晓冬也开始频繁接触各服务器厂家，软件搭车硬件厂商给客户做配套。

"那时联想有多火？我第一次去联想的办公区，居然看到有一个保安守在办公区，拉了根绳子——他们是真接待不过来。"

遍访所有做企业级应用的厂家，联想给潘晓冬的感觉最好，"每一个人都是平和且友善的，做事规范"。

潘晓冬最初接触的是联想研究院的杜晓黎博士，他负责高性能服务器。杜博跟他说："你们有没有考虑过，如果联想自己代理这种小软件，你们怎么办？"潘晓冬觉得自己当时的回答还是很机智的："我们的长项是软件安装、调试的经验，你们卖得越多，我们跟着做服务的机会也越多。"

杜晓黎对潘晓冬印象很好，2001年，把他推荐给了当时服务器事业部的总经理欧阳翔宇。

欧阳正是潘晓冬喜欢的那类温文儒雅的领导，他总觉得自己是个"村里的草莽"。

当时联想服务器事业部刚刚立项存储业务线，策略是要高举高打，直接进军光纤存储。负责规划产品线的高级经理李英利已经在和国际厂商谈贴牌生产（OEM）的事情了。

因此，欧阳很快就从谈业务合作转而问潘晓冬是否愿意整建制加盟联想。"他说，联想特别需要懂技术、懂客户，在一线摸爬滚打过的人。于是我们认真地讨论了一下我手下的七八个人。根据联想的规定，带过来之后我不能再直接领导他们，得把弟兄们分散到不同的业务处。我不太能够理解，但联想对我的吸引力又实在是太大，所以尽管不理解，我还是表示可以接受。"

潘晓冬这时是华诚奥尼斯特稳稳的副总裁（VP），他想去联想，只是因为"这一路狂飙五六年了，我实在是感觉太累了，能力遇到了天花板。我想见识见识、学习学习"。

欧阳面试后，紧接着就安排了李英利进行业务面试。业务能力，潘晓冬还是非常自信的。

然而让他不解的是，联想的人力资源部门（HR）说还要再安排一轮面试。"我以为总经理都同意了，还要高级经理面试，这已经够麻烦的了，难道还要找一个处级经理来面试吗？好歹我也是一个VP呀！"潘晓冬心里很是不痛快。

其实当时的原因是服务器新来了个副总,叫罗立新,是个技术大拿,想和他再交流一下。错把副总当小经理的潘晓冬见到罗立新时,怀揣着一股子怨气,于是有了一段极度情绪化的对话——

罗立新:"你为什么要来联想?"

潘晓冬:"我没说一定要来呀。"

罗立新:"那你就只当是天上掉馅饼了吧。"——这就是说联想已经决定要潘晓冬了。

当时的联想已是声名赫赫的大公司,招人要求很高,校招只去名校,而且还得是计算机、通信相关专业的研究生。能够给潘晓冬这样学历背景的人发录用通知（offer）确实是不容易的。

就这么句话,把潘晓冬逗乐了。情绪化解之后,两个技术人员越聊越好。罗立新问他:"考虑什么样的职位?"潘晓冬说:"我倒不在乎从基层干起。"罗立新说:"那也好,联想体系很大,你从头熟悉,提升会非常快的。"

感觉这个期待已久的 offer 十拿九稳了,潘晓冬回来兴冲冲地和董事长提了离职。然而他并不知道联想历史上一次重大的、波及许多人的战略转型开始了,内部各种动荡。

离职手续还没办完呢,罗立新给他打了个电话:"HC（编制）冻结了,有位置我会再给你打电话的。"

联想去不成了,也不好意思再去原来的公司吃回头草。一向稳健的潘晓冬踏空了,人生第一次体会到了失业的滋味。

好在潘晓冬"江湖上口碑不错,活儿好、有人缘儿,行事留有余地",他"重回村里,帮人家推销 LifeKeeper,兼做一些集成项目"。

潘晓冬都快要忘了他的联想梦了,却不承想半年以后的 2001 年底,罗立新居然真的给他打电话了,说是有岗位了。

潘晓冬又被面试了一轮,这次是卢俊峰,他以后的顶头上司。

2002 年初,潘晓冬终于如愿以偿,以联想人的身份走进了他熟悉的、向往已久的上地五街联想新大厦。

"联想给我的印象,好到了无以言表。"深入其中,潘晓冬从原来的羡慕变成了由衷的热爱,"就这办公环境、就这人员素质……"

"人员素质体现在哪儿?全是细节。在联想,你要找个人,人家会站起来把你引到对方的位置,我感觉这就是一个企业的文化。"

"还有遇到刮风下雨,有车的同事会喊'谁搭车',这让我感觉这家企业是有温度的,非常有人情味儿,有团队精神,彼此非常关心。这和中关村里那些单打独斗的人是不一样的。那儿的人精、老油条,让你永远放不下戒备之心。"

联想也有让潘晓冬感受不好的地方。"首先就是大公司那套繁文缛节,规划、开会、汇报、考核,占了很多精力。

我这打打杀杀惯了的，真的不适应。"

"一个销售，卖就完了，哪儿那么多事儿？"

"那时候的中关村生意好到完全可以不喘气儿地卖东西，大家扫楼、发广告、给客户打电话。我原来有个客户，中兴，大客户吧，就是看到《计算机世界》上的广告后自己找上门的。"

"除了收款要谨慎一点，其他地方都是喊里咔嚓的，节奏很快。联想那个正规劲儿，简直就是耽误捡钱。"

很多年以后，潘晓冬才理解销售预测、项目复盘、团队管理有多重要。以前他最好奇、最向往的，此时身处此中却并不适应。"人本质还是想快意江湖的，当土皇上、山大王多么自在。"

还有一点让潘晓冬感到不对劲儿的，是服务器的业务模式。"联想当时还是很产品导向的，做方案销售不太行。这一点和中关村里那些做集成应用的小公司比，明显效率低、不够灵活、没有以客户为中心。你要知道，如果不以客户为导向，那些公司一天也活不下去。"

"客户需要的永远是整体解决方案，但当时我们能拿出来的只有产品说明书。无论是在渠道还是在大客户部门，服务器都算是'协同产品'，更何况我这边缘又边缘的小小存储。"

不过对于这一点，潘晓冬的态度倒是特别端正。"这正是我的价值，我有客户认知以及做项目的丰富经验。我当时就想着一定要让联想把存储能力、解决方案能力、对客户应用的理解补上来。"

因为历经了半年多、自己都差点儿踏空的那番折腾，潘晓冬并未能如原来欧阳所预期的那样，给联想带来一支存储团队，反倒是卢俊峰先后给他配了几个营销、售前人员。

带着这支小小的队伍，几个月后，也就是2002年的夏天，潘晓冬打下了联想存储能作为客户案例的第一单——内蒙古农业大学订单。当时国内的高校正在评985、211，有一个重要的指标是学校的藏书量。"如果是买纸质书，不仅要花很多钱，还占地儿，因此建电子图书馆成了很多高校的首选。这需要大量的服务器和存储设备，而且对前端PC的需求量也很大。对于联想而言，这是非常优质的项目，真正实现了销售协同。"

找到了新的行业机会，潘晓冬在联想热火朝天地干了起来。当时服务器事业部在分区只有一个产品营销经理，带三四人的小团队；存储业务则完全没有人，全靠集团总部做销售支持。潘晓冬这几个人整天不是出差就是在提交出差申请，还要报销，这是他最头疼的事情。

众所周知，联想渠道的销售能力很强，PC的销售在各大区主要是依托渠道去接触客户，而当地的系统集成商（SI）虽然规模小，但对客户需求的把握往往比联想的渠道更加精深，联想的渠道在方案能力、技术能力等方面无法与之竞争。

"服务器还算是相对标准化的产品，但存储一定是根据客户的需求进行定制的。"潘晓冬认为应该把各地的专业存储公司发展成联想集团或者是联想当地大分销商的合作伙伴，这样才能快速拓展业务。"就是现在说的，打不过就加入。柳总早就说过，不要盯着分饼，而要共同把饼做大，这是20多年前关于生态的理念。"

2002年，联想服务器事业部在海南召开半年总结会，潘晓冬和卢俊峰商量并报欧阳同意后，通知各大区的存储产品营销经理，把这大半年发展出来的专业存储合作伙伴和服务器的主渠道商一起邀请了过来。

一方是那种年销售额几个亿、和联想风雨同舟十来年的大分销商；另一方是在存储领域摸爬滚打多年、在各大行业根扎得很深的集成商。各有各的能力，各有各的傲娇，如何让双方携起手来？潘晓冬团队的张晓岩找了个小动画《单翼的天使》。潘晓冬一看，觉得太合适了，形式也新颖。

总结会开场，先放"动画片"，在场各位一下子就受到了感染，看进去了、受启发了，胜过了千言万语。晚上再来一顿大酒，各区都结了对子、认了兄弟，共同期待着联合拓展市场，抓住更多商机、获取更高利润。

下半年，各区的教育行业先行突破，之后一个又一个行业的存储商机冒了出来，潘晓冬感受到了大公司的执行力，也体验到了营销的力量。

"我是搞技术出身的，营销是我的弱项。人嘛，越弱的地方自尊心就会越强。刚开始干营销,我特别爱摆个派头,老被批有'中关村的匪气'。我则以为这是挟客户以令诸侯,你们谁都不如我懂客户需求,就我一个人前方打仗、压力山大。"

"那时候联想也是真的卷,工作到后半夜是经常的事儿。"潘晓冬回忆起当年的联想,办公室的灯都是节能自动开关控制的,而半夜两三点很多办公区域都是亮的。"新大厦是个玻璃建筑,从外面看像个透明的鱼缸,里面总有人来人往。"

"有的时候,我会跑到一标工厂门口的发货台上等货,为了能赶上物流的最后一班车,早一天把货送到客户那里。"

"当时存储和服务器是共用一条生产线的。"

"不只是我一个人这么干,很多事业部负责产品交付的同事都是这么干的。我们就是觉得既然对前端有那样的承诺,就要做到位。人家越信任你,才会越帮你。"

"一切都是为了让自己在客户那里显得靠谱儿,从来没想过要在领导面前表现。"

"在联想,最害怕听到领导说'你要我怎么帮你?'一个人必须清楚自己要干什么、需要哪些资源。领导也是资源,你要想被别人赋能,你就得让人家觉得你是值得的。"

"刚开始我还会和产品、供应链、商务的同事发脾气,感觉天下我最大,所有人都应该撂下手上的活儿、全力以赴地支持我。因为这个,负责营销的王大勇一直很看不上我。

后来大勇要调走了，喝饯行酒时，他对我说：'你一个人能做几个单子？你要做的是营销而不是销售，你要知道一个词——enable。'"

"enable"，这个英文单词第一次进入了潘晓冬的脑海。这个动词意为"使能够；使成为可能；授予权利或方法；（计算机）启动"。在企业管理学中更常见的译法是"赋能"。

"赋能"还有一个英文词可以对应："empower"，是指通过分权使组织成员拥有个体自主性，从而使成员和组织具备一种能力获得感，使其更有做事的可能性空间。20多年前的IT、互联网都是说"enable"，把这个词带火的阿里巴巴曾鸣使用的也是"enable"。2017年，中信出版社出版了《赋能》一书，让"赋能"这个中文新词汇真正破了圈，虽然不同知识结构的人对它会有不同的理解。

"为什么说IT、互联网代表先进的生产力？我个人认为就是以客户为中心、生态协作、资源共享、公开透明、敏捷高效。这种新型的关系对我来说，不是管理学，它就是一张拓扑图，就是如何用一个系统去实现一个需求，而且这个系统是灵活的、按需而变的，能不断优化、迭代。"

拓扑结构图，是指由网络节点设备和通信介质构成的网络结构图，描述了线缆和网络设备的布局以及数据传输时所采用的路径。

潘晓冬脑海里，那些拓扑图上的计算机、打印机、网络设备和其他各种设备，逐渐变成了一个个的人、一个个的组织。

"大勇绝对是我的一字之师，enable 这个词让我从一个技术支持、软件销售，变成了一个真正能通盘考虑营销、激发团队的管理者。"

有了团队意识、生态合作意识的潘晓冬说："赋能别人，才是强大自己。"

潘晓冬总说自己是个"学渣"，还爱较劲儿，但我发现每次接收到那些醍醐灌顶的信息时，他总是会很快速地完成自我迭代，这是相当体现"人的智能"的。

"人不能自己禁锢自己。我一旦意识到了，那对的就是对的，错的就是错的。"

从那以后，潘晓冬把自己定位为"营销管理人员"，就像是足球队里的中场。

另一个给潘晓冬很大帮助的领导是梁军。

"梁军曾经对我说，你要打开格局，研发和产品、营销和销售、供应链和品牌，这三组你都必须选一个岗位做过，才有可能成为事业部的总经理。"

大公司为了人才培养，会提供许多轮岗机会。可惜在联想，潘晓冬没等到。

2003年初，联想开始大裁员，前前后后折腾了半年左右的时间，等来的明确消息是存储业务整体不做了，整个团队都在欧阳翔宇的裁员名单上。

面对自己的职业危机，潘晓冬和他的团队首先考虑的是:"如果存储不做了,那这些库存的产品留在公司岂不是垃圾?咱不能把垃圾给人家留下,一定要清理干净。"

他们几个人依然很忙,依然出差,依然加班,但不再是为了拓展业务,所有的人都在清库存。

"拿着最后一张清库的单子,我走进欧阳的办公室,当时他正站在窗户前,背对着我。夕阳西下,余晖里的剪影,忽然那种田横式的悲壮涌上了我的心头。"

那时的欧阳翔宇已经知道自己将要调往联想控股。他后来专注医疗领域的投资,离开联想后他也一直做这个赛道,十余年间颇有声望。

"欧阳当时就说了一句,晓冬,你还是很职业的。"

潘晓冬等的就是这样一个评价,他要保护自己的职业荣誉。"我不接受被裁,我和他说补偿金我不要了。"

清库存的同时,潘晓冬还把团队所有的销售数据又做了一次复盘分析。在联想一年多的时间,他感觉学到了很多。"感受到了数据的魅力,它真的会说话,透过它是能看清业务的逻辑和走势的。"

"抓紧最后的这些日子,把能从联想学到的东西都学到手,让弟兄们出去后有更强的市场竞争力。"这是潘晓冬当时最简单的想法。

一位做人力资源的朋友跟我说过,联想那一轮动荡让当时的IT、制造、快速消费品市场发生了一场空前的地震,往往人还没离开联想,猎头的电话就打过来了。

最先找到潘晓冬的是浪潮。这个联想服务器业务一直以来最主要的竞争对手，总部在山东。我记得有一次联想服务器在济南办活动，对方就堵在火车站直接把客户拉走。这就是商战里的贴身肉搏。

浪潮的王恩东亲自面试潘晓冬，他是清华大学毕业的计算机专家、中国工程院院士，懂技术也懂市场。潘晓冬和他聊到联想放弃了存储业务、他们已经把库存都清理掉了时，突然悲从中来、情绪失控，"压抑许久的感情，不承想在竞品老大面前宣泄了出来，当场哇哇大哭"。

从此，潘晓冬下定决心，绝不去浪潮，因为"太丢人了"！

失业的事情，潘晓冬没有和夫人说。他的夫人是某个领域非常牛的专业人士，两个人一直都拼事业，不是你忙就是我忙，一直没顾上要孩子。在50岁以后，潘晓冬对这件事情略感后悔。

而回首既往，"隔两三年就是一个大变化，我不确定自己的未来，就知道我得往前走"。

对于战略调整的不理解，对于被裁的不服气，导致潘晓冬整宿整宿地睡不着觉。这种愤懑的情绪，时隔20年，依然不能完全释怀。

"我当时就想着一定要继续去做存储，这个领域一定有大的发展。我得成为这个领域的资深人士，经验、人脉都到了这个阶段了，我自己得树立'圈里人'的自信。"

正是因为有这个想法，当高晓虎拉他去新成立的信息安全事业部时，大家都庆幸他在联想内部找到了可接收的岗位，但他就是"没感觉、不那么喜欢"。"做存储，我有一种天然的责任感，哪怕过程特别累人。人与人之间有个缘分，人与事之间也有。"

潘晓冬最后还是决定离开，没有拿后来大家都还挺认可的 N+1 的补偿。"反正也没多少，我来了也就两年的时间，不就 3 个月的工资嘛。我是真受不了让人说自己是被联想裁的，丢不起那个人。"

让潘晓冬没有想到的是，两个多月后他又被招回了联想。那时他刚去了宝德（一家总部在深圳的服务器、存储公司），还没转正。

此时，梁军从欧阳手里接过了服务器事业部，从原来的研发负责人变成了部门的总经理。他知道潘晓冬的价值，前后端能力兼备，一般人很难做到。即便仅仅是卖服务器硬件，联想也需要这样能做顾问式销售的人才。何况梁军一直认为存储作为服务器的协同业务，还是非常有必要存在的。

重回联想的潘晓冬依然是处级经理，只是团队变了，他的心态也变了不少。

"这一趟最大的收获是搞了个俱乐部，把北京做存储的那七八家公司的代表攒成了一个小圈子，日常信息沟通紧密，产生了不少合作。"

"这一轮联想的'续命'又是一年多的时间。"潘晓冬这样描述他的"二进宫","我不是那种大牛销售,但是我整体营销的感觉起来了,也比较强于补位,销售比较弱时我就冲上去,前端比较强,我就安心做我的技术支持。"

再一次离开的时候,他和交接的同事说:"我走之后,半年内业绩掉下来,那是我的事儿,再之后就是你的事儿了。"潘晓冬总是想把事情做好,缘不知所起,但投入了便一往情深,"关键是,收摊儿的时候一定要漂亮"。

之后,潘晓冬先后去了两家日企,一家是 NEC,一家是日立数据(HDS)。所以在老同事中,潘晓冬有个昵称叫"潘桑"。

出乎他意料的是,NEC 给他的职位很高,叫"专任部长",在中国区华人管理者中排第二位。为此,他还被 IT 行业最权威的媒体《计算机世界》采访过、登过照片,但他说:"我并不觉得自己适合这个岗位。"

"每每遇事我就会想,这要是在联想应该怎么干。感觉自己真的是入了模子了,调整不过来了。"

梁军对潘晓冬的"后联想时代"是这样评价的:"他后来去哪个公司,其实都是在帮联想卖存储。"潘晓冬基本认可这个说法:"在 HDS 两年多的时间,就是在配合联想做 OEM 产品。"

之后,他去了一家正准备上市的公司。

在梁军那句话的影响下,潘晓冬坚决不再接受前端销售的职位。"在联想会有很多轮岗的机会,现在我得靠自己了。"

在那家公司，他负责生产、运营、采购。随着资本的介入，新股东插手运营，和潘晓冬密集地产生了许多矛盾。"有很多和业务没有关系的人际冲突，我就很恼火。不是做事的样子，站队啊、贴标签什么的。还有恶意地揣度人，比如说我负责采购，人家就天然地认为你会吃回扣。我表达过想一直做存储的意思，就有人说我是想在这个地方养老。"

潘晓冬总是不自觉地怀念联想："什么是创业型企业？就是让人聚焦业务而不是内斗。""我不是说联想就完全没有人事之间的矛盾，但是绝对不会像这样全是人事上的问题。""如果不从业务角度评判，而是从人事斗争的角度评判，就很没意思。"

本想在此大展宏图，但两年之后潘晓冬还是决定离开。他拿到了昆腾的 offer，这是一家从 20 世纪 90 年代就在中国做磁带库业务的企业，"是那种专注于细分小市场的老牌美国企业。活儿我都能干，待遇不错，最关键的是和联想有合作"。

潘晓冬过去以后不到 9 个月就完成了全年的任务，促成了昆腾向联想供货。但后来也正是因为一次供的货出了问题，潘晓冬一气之下又离开了。"他们把双控制器的产品发成了单控制器的，我当时第一个感觉就是给我联想的同事添麻烦了。"潘晓冬跑到联想去查产品编号，"真的是错了，美方也承认。但对给联想造成的损失，他们不以为意，态度敷衍，坚决不肯正式道歉、不肯处罚出错的员工。我和他们闹到最后，工会代表都出面了"。

"我很幸运，在中国、日本、美国的公司都工作过。我虽然学历低，但我是肯学习的。我习惯到一个组织，就先看人家哪儿比自己强。"潘晓冬坚决地说，"但是，用什么手段、什么态度做事，那真的是人品问题。有底线的人吃不了大亏，吃亏的都是太鸡贼的人。"

当时全球最大的做企业级存储的公司 EMC 想挖潘晓冬，他们筹划着与联想展开合作，业内应该没有比潘晓冬更适合的人选了。

此时存储市场还在高歌猛进，而曾经立志只做存储的潘晓冬，反倒意兴阑珊了。

从 1997 年到 2014 年，存储业务在中国的发展已近 20 年。潘晓冬和业内的朋友交流时，预感到这个市场即将产生重大的变化，云存储技术的成熟和推广会让采购越来越集中，以互联网头部企业为主的大客户议价能力必然越来越强，价格将快速下跌。

"存储市场的趋势很大程度上是由新技术和用户需求变化所驱动。云存储服务的普及，不仅改变了数据存储的方式，也促进了存储作为服务模式的发展。"

潘晓冬说自己许久没和人聊存储的事情了，但只要一提起来，就眼睛放光，滔滔不绝。我听着他说话都不怎么带京腔儿了，正经得像个播音员。

"在我们一直关注的企业级市场,大数据和分析工具的应用越来越广泛,对存储系统的性能要求也随之提高。企业客户要寻求的是那些能够支持快速数据处理和分析的高性能存储解决方案,如全闪存阵列和基于内存的存储系统。"

"还有,就是软件定义存储。"

潘晓冬说:"现在的技术允许用户从硬件中抽象出存储服务,并通过软件来管理和配置存储资源。正是这种灵活性和可编程性使其成为许多 IT 部门的首选,尤其是在面对快速变化的业务需求时。随着云存储和基于软件定义存储技术的广泛应用,传统硬件存储厂家的业态发生很大变化。现在的服务器完全可以替代专业的存储。"

"但更重要的是数据,90 年代就讲数据仓库,后来有的'大数据'这个概念。数据一定要真实有效,否则没有意义。我们的数据不仅数量少、质量也不好,最真实的就是视频数据,'雪亮工程'意义重大。所以你能理解马斯克为什么关注中国了吧?不仅是当下的市场,他需要中国帮他来训练人工智能。"

"大多数的数据中心(IDC)建设者使用 8 盘位和 12 盘位的存储服务器替代传统的磁盘阵列,产业技术资源和客户采购越来越集中,2013 年底整个存储行业就开始重新洗牌了。"

这一年,"传统 IT 人"潘晓冬开始寻找新的方向。

那家待上市公司曾和他针锋相对的新股东代表约他吃

饭。公司上市已失败，那位投资人感慨当年不该走的都走了，该走的都没走。

谁能想到，正是当年的对头把潘晓冬推荐到了"一家国资委直管的特大型高科技企业"。

这个大集团下面的智慧产业板块正在筹建一家三级公司，公开向社会招聘人才。潘晓冬去了之后，先在总部帮助筹建公司，从战略规划做起，当时主要的业务是做智慧城市项目。

潘晓冬觉得以自己的资历，做个 BP（商业计划书）、陪着"小领导"出去谈个合作应该还是绰绰有余、得心应手的。

"小领导"确实年轻，比他小了一轮，非常客气、谦和。按照原有的工作套路，潘晓冬很快就完成了可行性研究报告。人家说："我来帮您稍微改改吧。"等改完了之后，潘晓冬深感震撼。"服气，真得服气。人家那个格式、逻辑、用语，那种思考和表达确实是有一套，干净漂亮，笔杆子很硬。"

原本潘晓冬的心态是试试看、过渡一下。国企待遇不高，作为外聘人员，又不是党员，他知道在这里最多只能当个副职，仕途、"钱途"都没什么可图的。但就因为这个服气、认为可以学到新的东西，他决定留下来，干就好好干。

结果，他干得特别好。

后来因为那个年轻的领导家里有事，临时派潘晓冬下去管理公司。很快他就被破格提升为这家子公司的负责人，而且一干就是两个任期，整整 6 年，中间还经历了新冠疫情。

因为这个集团做的都是"巨大、复杂的系统工程",潘晓冬感慨道:"钱学森的伟大,就是把这套行之有效的管理体系建立起来了,真得说,民营企业不管有多大、显得多军事化管理,都无法与之比拟。我曾经在一次大会上,亲耳听到承接重大项目的总工程师表态:'如果不行,我就去跳楼。'这样激烈的言辞后面,是真的有坚定的信仰。"

"这就是我们国企的企业文化。"潘晓冬把企业称为"我们的",一个是"我们联想",一个是"我们国企"。

虽然潘晓冬做的都是民用方面的业务,离核心、机密十万八千里,隔了无数防火墙,但在这里他被红色教育震撼、感染。"刚开始是有一些困惑,毕竟我们这一代人、又是做IT的,是在西风渐进中成长起来的,经历过了那么多运转高效、理念先进、市场上赫赫有名的民企和外企。"

"我感谢中关村一条街的经历,激发了我力争上游的意识;联想夯实了我的职业素养和团队合作能力;感谢那几家外企,让我明白了一个企业的成功有不同的路径,要尊重、敬畏不同公司的规则。"

"说真的,我更感谢最后这一段国企的经历。"

这家位于某个小海岛上的公司,7月份注册,8月份财务开始拨款,起合同、开展业务。"当时的指标是年底之前必须实现盈利,但是业务在哪里?人在哪里?项目在哪里?都是一片未知。"

国企业务操作规范十分严格,对于这家新公司还是相对授权、允许创新的。潘晓冬先招了20个人，前后端算是齐备了。他竭尽自己所知所能，在当地招商部门的帮助下，年底总算基本打平。"国企可是不好混，绩效指标、考核一样也不少，而且绝对是'合规第一位'。我能迅速适应，真要感谢联想帮我立的那些规矩。"

公司所在地是深水良港，面朝大海，景色优美，但日常是可以想见的寂寞。

"日常工作基本上到下午4点半就结束了，一个人要熬到第二天上午9点。我看了不少书，想了不少以前从不想的问题。"

"我和小年轻们打篮球，喝着汽水儿，看那种乡村电影。大卡车上架着一块颗粒很粗的液晶屏。"那些年轻人在潘晓冬的眼里，就像孩子一样。"有的刚刚毕业，什么都不会做，得手把手地教。还有的贪玩，他们去网吧，我就得去看着，别喝酒、别打架，真的跟爹似的。"

在京外工作、驻扎在海岛上、又赶上了3年疫情，不奉命不得离岗。潘晓冬曾经一个人守着一堆文件3个多月。这个感情丰富的大叔几度感觉自己快要崩溃了。

2022年7月，疫情临近结束前，这个项目公司也完成了它的使命。"我们在大国企里就属于'小弱散'了（营业规模小、核心竞争力弱、业务分散）。"潘晓冬这样调侃着。在关停审计的过程中，他最为满意的是对自己的审计完全通过，"我经受住了组织的考验"。

"我的另一个业绩是实现了完美的撤退，和离开联想时一样。"当时团队已经有40多人了,潘晓冬一一做了周到的安排。"有人转去了合作方,有的被其他分公司招走了,当然也有人愿意拿遣散费、自谋发展。总之,无一人因为项目的关停而使生活受到影响。完美撤退,nice!"他模仿了一下表情包的语调。

"我很喜欢跟年轻人在一起,搞IT的,就应该永远创新、永远年轻。"

他对外宣称自己退休了。"严格地说,给自己主要的职业生涯画了一个完美的句号。"

这两年,潘晓冬一边照顾90岁的老母亲,一边在研究机器人的发展趋势。从实用角度,他希望能够发展功能性的机器人。"不一定是要人形的,但是需要有理解能力,操作简单,能干家务活儿。"

"很多技术早已存在,现在就是技术的组合和集成创新的阶段。"潘晓冬特别相信,机器人将会成为继计算机、智能手机、新能源汽车之后,最能够深刻改变人类生活方式的产品,是新质生产力的重要代表之一。

"技术发展首先要有想象力。20年前,很多我们想都不敢想的事情现在都实现了。20年后,当我们这一代人衰老时,世界会是什么样子?人工智能怎么也不能把人类搞毁灭了,让碳基生命变成硅基生命的肥料啊。"

这个心态年轻、对前沿技术超级敏感、对未来充满想象的人,利利索索清零了过往,准备开始他的人生下半场。

马建强
找到属于自己的那扇法门

　　马建强，一个时空有交集、但我完全不认识的前同事。

　　在传奇社新春聚会时，他给大家赠送了自己手绘的鼠标垫作为抽奖礼品，我才知道有这么一位同事。他从2006年起一直在做PPT培训讲师。

　　和我认知中那些口若悬河、神采飞扬、长于调动情绪的培训讲师完全不同的是，马建强的形象中正平和，内敛到有些小紧张。看他网上的直播、录播课程，都是把自己的头像放在PPT的右下角，只占屏幕的1/12，端端正正、标准照一样，如果不全屏都看不清眉目。

　　他是西北人，说话带着播音腔，稳稳当当，平铺直叙，特别像个行政干部，有干货、有观点，有点儿东西。

2019年新东方年会以后,我就一直很想为PPT说两句话,但整天忙着写PPT,也就没顾上。这次偶遇,被马建强的职业勾起了兴趣,我又搜出了那首怼天怼地的歌:"干得累死累活,有成果那又如何,到头来干不过写PPT的;要问他成绩如何,他从来都不直说,掏出PPT一顿胡扯。小程序做了几个,就连App也没放过,做完就完了也不关心结果,您混完资历走了,只剩下脏乱差了,转场同业机构职位升了。什么节操品格,什么职业道德,只会为人民币疯狂地高歌。烂摊子从没管过,吹牛从没停过,之前的PPT继续白话。"

歌词句句点名PPT,直接对立起两个阵营——干活儿的不如做PPT的,一线创值的员工不如职能中高层。再深想一步,这也可以是不靠资本风口、踏实运营的传统企业,对新兴商业公司、互联网公司的不满情绪,比如,特爱开发布会的某公司就曾被人说成是"PPT造车"。

那些泡沫、风口过去,总得找些背锅的,PPT这个工具可算是一个。我觉得电脑也可以算一个,要是将它和智能手机对立,那手机代表的就是乐自由我的生活、娱乐,电脑就是万恶的工作。何况初入职场的小白领们领到的一般都是七八手的老旧笔记本,天天对着它做PPT,"恨屋及乌"亦可理解。

这事儿,以培训PPT为生的马建强马老师怎么看?

"错的不是PPT呀,它就是个工具。错的是那些借PPT

邀功请赏、不认真做事的人。什么时候把别人做的事归到自己头上，都是可耻的、不道德的。"

"但这个节目本身也是个PPT啊。内容针砭时弊，逻辑层层深入，再配上神曲的旋律，背景视频中大量的PPT特效，艺术呈现得有感染力……"

我和马建强的聊天从PPT这个软件开始。我认为PPT本质是个引导人更具逻辑性的内容表达工具，而马建强说得更为专业、全面——

"狭义的PPT指专门用于制作幻灯片演示文稿的计算机应用程序，如微软公司的PowerPoint、金山软件公司的WPS演示、苹果电脑专用的Keynote等。一般就是指后缀名为'ppt'或'pptx'的文件，微软公司官方称之为'演示文稿'。广义的PPT指演讲者和大屏幕投影的演示幻灯片协同完成的讲解演示活动。它能同时展示文字、声音、图形、图像、动画、影像等多种媒体类型，极大地增强了视觉传达信息的能力。可以说PPT彻底改变了传统演讲活动，推动了公众演讲形式的创新与变革。"

我们一起回顾，最早做PPT是什么时候？答案是一致的，1997年。

我印象特别深，那年有位同事看到微软合作伙伴打印的PPT，觉得很好，但不知道有个专门的软件，模仿着把Word横屏、字号放大，然后细心地画了个外边框。

那时的马建强还在方正科技做康柏笔记本的代理。

生机勃勃的中关村一条街上，萌芽阶段的中国 IT 企业基本都是从代理国际品牌起步的。等到 Wintel 体系（以 Intel 芯片 + 微软的 Windows 操作系统为核心的个人电脑架构）稳定下来，才开始做 OEM、做自主品牌。也正是在这段时间，联想和其他企业之间的差距快速拉开。

处于上游地位的外企，非常重视中国市场及对代理商的培训。中关村这些家 IT 公司都是一边实战一边学习。产品、技术、供应链、营销、管理，等等，一切都是新的，都需要学习。企业的运营管理、销售市场基本是在向亚洲企业学习，因为文化、消费者心理这些方面更接近。

"有一次康柏给我们做培训，业务太忙，就安排了我一个人去参加《大客户销售技巧》的培训。那个老师的名字我记得特别清楚，叫金其庄，那时已经有五六十岁了。当年在中关村做 IT 产品销售的人，很多都接受过他的培训。"

"3 天的课程学下来，我感到茅塞顿开、受益匪浅。回来就兴奋地和我的同事们分享：一个优秀销售一定要有的'三个了解'，了解自己的产品，了解市场和竞争对手的产品，了解客户要解决什么问题。"

方正下一级的代理商听到这些，希望马建强能给他们内部做一次分享，要把 3 天的课程浓缩成一两个小时。马建强拿着金老师的讲义，对着笔记，开始琢磨怎么讲。

"头一次给别人培训，我特别重视，尝试着用 PowerPoint 做了几页，然后跟代理商借了一个巨沉无比、有 3 个镜头的投影仪，当时都叫 Barco。"

那时人们更习惯叫 PPT 的全名——PowerPoint，这个新生的词组发音怪不容易的。而 Barco 本身是个老牌比利时公司的名字，主业做医疗可视化监测设备。

97 版的 PowerPoint 软件还不太好用，主要是模拟幻灯片，使用起来很麻烦。大家还是更习惯以往那种胶片投影的形式，称之为"简报"，高层会议、重要汇报才会使用。那时候，秘书们甚至还会把 PowerPoint 打印成彩色的胶片，仿佛抱着那么一摞东西才感觉踏实。

那英和王菲唱"来吧，来吧，相约 1998"的那年，IT 业的一大盛事是 Win98 发布。Office 系列产品有了质的飞跃，Word、Excel、PPT 办公三件套，完美地对应了职场上文、理、商三类人。像做公共关系的人多长篇大论，主要用 Word；财务同事被戏称为"表妹"，做各种 Excel 报表；世纪之交的中国企业正从粗放式经营转向精细化管理，PPT 恰逢其时，战略、运营这些"虚的"职能，大多以 PPT 的形式进行上传下达。

做 PPT 最牛的是管理咨询公司。

联想引入麦肯锡进行战略咨询时，马建强作为笔记本事业部负责运营管理的员工、处级经理，参与了联想战略转型规划的全过程。

"2001 年，我至少接受了麦肯锡的五六次访谈，真是大开眼界。他们现场把不同参会者的看法直接记录下来，是用电脑直接记录的，有观点、有调研数据、有经营报表，汇在一起，现场就生成PPT了。"

"现在想想，国际咨询公司的方法论、模型，加上企业具体运营数据，落在一份PPT上，就很有人工智能的味道。"

"不仅是我，当时许多联想人都被麦肯锡那个黑底的模板迷住了。还有就是他们的PPT每页的字很少，不像我们以前往里粘贴大段文字。一般就5—7行，一行一段，黑底白字，配点儿红，很有高级感。"

研究PPT以后，马建强还专门解析过黑底模板与白底模板的应用场景有何不同。

随着PC、投影仪的大规模普及，PPT的应用场景越来越多。这个代表了先进生产力的办公软件，不仅是汇报工作、客户提案、内部培训的必要形式，年度规划、季度会议，甚至周例会都必须要做个PPT了。

企业标准的PPT模板，替代了信封信纸设计，成为企业视觉识别系统（VI）设计重要的组成部分。

PPT也从商业公司扩展到了政府机关的总结述职、成果汇报，进而延展到学校授课、论文答辩、家庭作业……

在融媒体时代，演示幻灯片的发展也具有了与各种媒介交融整合发展的特征。现在的大型活动，演讲者无不是结合幻灯片演示，投影采用大型的LED显示屏，配合着音频、视频、3D视觉等多种形态，不断挑战新的技术高度。

从2006年专职做这份工作开始，马建强一直跟进这个软件的发展。

"到 2007 版时，PPT 已经有了翻天覆地的变化。编辑菜单变成了工具栏，有了大量的幻灯片母版、SmartArt。就靠教这个，我当时真是挣了不少钱。"

"感觉 PPT 是个筐，什么都可以往里装。"

"尤其是万众创业那阵子，商业计划书就是酷炫华丽的 PPT 加个年轻率性的演讲人。挺好的工具，开始变得有些浮夸、不务实。"马建强也经历过这种诱惑，当时有人找他合伙做一个专门教创业老板以做 PPT 为核心、进一步展开融资的项目。因为多少和 PPT 相关、又能拓展高端客群，马建强犹豫着参与了。开始说要投 100 万元，后来他觉着不对，说投 50 万元吧，最后实投了 25 万元，然后就没有然后了。

马建强一度也有过平台思维，招收徒弟，教他们怎么做企业内训。后来他发现这种模式要是想挣钱就得忽悠人。"靠流量获利，并不教真东西，想培养成我这样的匠人就没有商业模式了。"

经过这些不大不小的探索，马建强进一步专注在自己可控的事情上。

"培训能坚持 5 年以上的，必然是真心喜欢。"马建强想了想，又说，"3 年是喜欢，5 年那就是热爱。"

马建强在抖音上的账号叫"PPT 设计演讲课"。

我关注他以后，发现类似的账号有不少。我就好奇地问，这么个细分赛道有多少像他一样的培训师。

"得有 10 万人吧。"

这个数字大大出乎了我的意料，他说得十分肯定。"但我是做得最久的之一。只要我还在，我肯定就是做得最久的。"

那，马建强教过多少学员呢？

他掐指算着："线下一个班 30 人左右，基本是企业内训；也有三五百人的公开课。课程有一天的，也有两天的。疫情前每个月怎么也得有十几、二十天在上课，最多的时候一个月讲过 28 天。学员总数嘛，怎么也得有好几万人了。"

那，能挣多少钱呢？我自己都感觉问得有些过于直接。

马建强依然认认真真地给我算。"课酬是动态的，与机构合作，2007 年时上一天课 6000 元，现在 1 万元；机构给企业报价是培训师课酬的 2—3 倍，人家挣这个钱也是合理的，要负责组织、商务接洽等不少活儿呢。"

"如果是公开课每人每天收 2000 元，一般招生都是两天。"一天讲课的时长是 6 小时。按他之前说的每月讲个十几、二十天，"好的情况下年入百万，一般情况五六十万、七八十万元都有可能"。

在 IT、互联网行业的黄金期，这算中等收入，但辛苦程度和稳定性却不能相匹配。马建强却一直说自己命好。"这件事，我是越搞越热爱。我真是超级幸运，有个喜欢干的事儿，有市场需求，还能挣钱。"

粗看马建强的课程列表，似乎不仅限于 PPT 这个工具；

细看，又全都是围绕着PPT的。"很多新手、普通职场人还是很怵做PPT的，一提PPT就崩溃。我告诉他们：'君子役物，小人役于物'，人不能被工具绑架了。"

"年纪大一些的，总觉得制作PPT很麻烦，实际上只要掌握一定的操作技巧，是可以快速完成像周报、月报、述职报告那类PPT的。"

"学员特别喜欢听我这么讲。"马建强在我面前这样自夸，我和他开玩笑："您这让人信赖的形象，加上演讲能力和精打细算的运营经验，要是去做保险、传销会不会更成功啊？"

他想了想，说："没想过，但卖保健品的公司找过我。安利、如新，还有个国企卖保健品的，叫新时代，还有……"

2004年，马建强离开联想时，计划就是做培训。

那时的联想绝对是中关村的一面旗帜，全国的企业都在学习联想先进的管理经验。联想人出来做培训的不在少数，水平参差不齐，有人力资源体系的，也有不少业务体系的。有一位名叫唐长军的，他创办的培训公司，据说现在发展到年营业额几千万元的规模。前两年在得到App上推出《产品思维30讲》而风靡一时的梁宁，一般人可能不知道，她也曾经是联想人。

马建强在负责联想笔记本和手机运营的那段时间，组织过不少培训，自己也没少给同事们做分享。联想培训的那些讲义他现在都还留着，足足有一柜子。

凭着这些积淀，出来做个代理、卖卖培训光盘，是马建强最初的创业设想。他注册了一家小公司，代理了一些咨询公司的培训课程。

但技术发展实在是太快了，大家很快就开始谈在线学习（e-learning）了。于是马建强转向了线上课程的销售。领导力、时间管理、商务礼仪等常规的课程，他都卖过。

那两年的创业经历，留给马建强的心理阴影面积至今还挺大的，他说他亲身印证了"慈不掌兵"的说法。

"我就是特别奇怪，在联想时也招人，但轮到我自己怎么就招不到像我一样拿工作当工作、认认真真的人呢？"

当时，马建强招了七八个人，办公室设在中央财经大学的家属楼里。人最多时有10个，还租了一间40来平方米的小房子。

每天马建强都早早地到公司，扫地、擦桌子、开空调，连马桶都弄干净了，等着员工来上班。

工作内容挺简单，就是电话销售。但很快马建强就发现只要自己不盯着，员工要么就不干活，要么好容易开了一单就自己做了。有上班卖自己东西的，有琢磨自己创业的，还闹出过上班谈恋爱要死要活、折腾到要跳楼打110的。

"没一个人真心工作，都是在混工资。"马建强感慨。他深刻认识到了人性的贪婪、懒惰，不是所有人都跟他一样爱岗敬业、本分做人做事。

"小公司招人太难了。我这种在居民楼办公的，有人都到楼下了却不敢上来,怕受骗。我给的工资比市场平均水平还高一点呢,都不行。""我发工资不敢拖一天,员工请假我也不好意思不准,可是人家呢,说不干就不干了。"

这中间也卖了一些课,积累了一些关系,但是入不敷出,赔了个底儿掉。"创业两年,赔了五六十万元,特别迷茫,这几乎是我工作以来全部的积蓄。特别感谢夫人不离不弃,我觉我闺女那会儿看我的眼神都是不屑的。"我细问,小姑娘当时才六七岁,哪会有这些认识,肯定是马建强自己心虚,觉得愧对家人。

我们相约聊天的地方,就是他当年创业的办公室。房子刚刚装修完,准备给现已研究生毕业的女儿住。家具、软装还没完全到位,但可以看出精致、温馨的格调,和家属楼"老破小"的外观完全不同。马建强说他一直在自己盯工程,光靠装修公司不行。这是个细腻、温情的父亲。

二三十年来,这个行业出现了太多"车库传奇英雄传"。但真实的创业,对于马建强来说实在是太难、太难了。"我现在特别理解当老板有多不容易。"

2007年春节前,马建强辞退了最后一位员工,她是朋友介绍来的。"真是没法儿干了,在小区居民楼里,就我一个老板和一个女员工,实在不方便啊。大春节的,我咬了咬牙让她走了,觉得特别对不住朋友。"

创业失败后的空档期,他经常徘徊在中央财大的操场上,十几年北漂顺风顺水的日子一下子卡顿在那里了。

"我们兰州二中的87届毕业生是史上最牛的一届,有考上北大、清华的。我也不算差,考上的是山东大学图书情报专业,就是李彦宏那个专业,后来都改叫信息工程了。"

毕业后,马建强被分配到了中国科学院兰州分院,之后又幸运地被借调到北京。20世纪90年代初,一个理工男站在中关村这条街上,肉眼可见无数技术发展带来的机会正在萌动勃发。

跳出体制,当时还被称为"下海",是个勇敢的举动。

马建强选择的第一家公司很神奇,叫"北京易迈电子邮件有限公司"。易迈,E-mail,就是电子邮件。这可以算得上是国内第一家互联网公司,比瀛海威还早。创始人是北京大学的毕业生王克宁,公司就在北大南门,业务是帮客户收发电子邮件。当时清华大学、北京大学出国留学的人不少,联系学校都是靠国际航空信件,时效性差,这家公司的业务相当有市场。

"我在中科院一个月挣100元,到这里就800元了,第二个月900元,然后1000元,离开时月薪1500元。"

后来,这个十几、二十人的公司消失在一波又一波的互联网浪潮中,了无痕迹。

之后的马建强还干过一段时间的IT媒体,当编辑,那种"商情+企业软文"的媒体在中关村有好几家。因为给企业写宣传稿的机缘,他认识了黄俊杰,当时方正笔记本部的总经理。马建强特别感谢黄俊杰,因为黄俊杰的赏识和鼓励，他进了方正，后来黄俊杰转会到联想，又把他带了过来。

加盟联想是 1999 年 6 月，正值马建强的而立之年。掐指算来，他在联想的时间真不算长，只有 5 年，而这恰是 IT 行业风云激荡的 5 年。1999 年，联想从中关村一众电脑公司中脱颖而出，用"腾飞"这个词来形容毫不夸张。

这 5 年联想的高速运转、扩张和不断的思变、转型，让马建强感受到了特别浓郁纯正的联想文化。

从入模子开始，他感受到的就是兴奋。"虽然我不是最年轻的，但老师一定看到了我眼里有光。怀柔中科院培训基地的那两个星期，对我来说是脱胎换骨、洗心革面的。"马建强是那一期当之无愧的优秀学员。

那时候联想培训特别多，经常是周五下午拉出去开半天的会，周六、周日两天连着培训。马建强说："真的就是每一年、每一天，我们都在进步。"

当时的联想笔记本营销部，总经理是乔松，黄俊杰是副总经理。马建强刚加入时是产品经理，后来业务扩大，要成立经营管理处，他调过去升职为这个处的经理。"就是管整个部门的人、财、物，除研发、生产、销售、质量管理以外的职能都在我这儿，相当于一个小公司的综合管理部，很锻炼人的。"

他接着补充道："就是加班多，黄俊杰什么都好，就是天天加班搞得家里很有意见。"

2001年,联想决定把笔记本事业部从北京迁往上海,在上海建研发中心、建工厂。这个搬迁项目组的名誉组长是杨元庆,可见重视程度之高。元庆就一个要求:平稳过渡、无缝衔接,业务运营一天不能停。

具体操办的马建强面临着三大难题,首先是事业部的关键人员有一半由于各种原因不能去上海,要在上海再招人,去的人还要根据不同情况妥善安顿;其次是信息系统,2002年联想生产制造、销售、物流的信息化已经非常成熟了,如此重大的调整比重建都难;最后就是工厂,原来的工厂在北京、深圳,现在上海厂要重新招工、培训。所有这些准备工作需要在总共不到一年时间内完成。

马建强这个近一年时间的大迁徙项目,让我想起了电影《杜拉拉升职记》。我经历过几次联想小搬家,所有物品打上标签,点对点、桌对桌式地搬,周五下班弄好,绝对不能耽误周一正常上班。

总之,最后这个项目圆满成功,马建强因此被评为公司级的优秀员工。回首往事,他感慨道:"在联想做事还是容易的,大家有协作的文化,互相配合、容易成事。"

他和83个原本在北京工作的同事落地上海,开启了联想笔记本电脑业务新一轮的辉煌。

再后来,发生了非典疫情,与家人分离的那段日子,马建强感受到了什么是牵肠挂肚。

2003年6月,马建强终于调回了北京。10月,公司新成立了数据移动事业部，刘俊彦任总经理，经营管理部高级经理的岗位空缺，正好把马建强调了过来。

2003年的联想已经在考虑移动计算，开始探索智能手机，这是非常超前的。新组建的数据移动事业部，人人都信心十足，想着要大干一场。

但联想没有手机牌照，后来采取的策略是和厦华合作。先推出的PDA一度排进市场前三，但它的产品思路是基于Windows系统的，相当于小型PC。待到后来苹果、安卓系统出来，这条路就走不通了。

现实的问题是移动事业部又要整体迁往厦门，和笔记本部搬去上海差不多，还不算外派。那年春节前消息就传出来了，节后陆陆续续有20多人调换部门或辞职。这些事情都和经营管理部有关，马建强很忙，也很难。撑到4月、新财年伊始，他也决定离职，理由是不想再和家人分开。

生长于甘肃，大学教育在山东，职业成熟在联想，这三段重要的人生经历，让马建强的个性里沉淀了沉稳、平和、专注、执着、重义、守信等关键词。他觉得联想对他的影响尤其大。他在一篇博客里写道："没有联想就没有我的今天。"

回头看，马建强离开联想的2004年，正值集团战略大转型的混沌阶段，个中的艰难与复杂，是当时的马建强无法窥见的。之后，又经历了那一番充满挫败感的创业，马建强意识到了自己能力的瓶颈，他决定去做自己一个人能掌控的事情。

辞退了最后一名员工，2006年春节后的空档期，马建强尝试着接一些讲课的工作。以前的资源、积累集中在这一点事儿上，靠着朋友帮衬，以客户为中心，需要讲啥就从旧讲义里扒一扒，他觉得自己"终于活成了以前最看不上的、那种特别水的培训师"。

唯一让人欣慰的是不赔钱了，偶尔还能挣到点儿零花钱。这个过程中，他有了一个新的发现："讲课中经常有人夸我PPT做得不错。还有人找我代做PPT，都说我做得又快又好，还让我教他们。"

"我发现这里有个'知识的魔咒'，我们自己会的技能，总觉得别人都会或者很容易就能学会，其实不然。"

马建强是理工男，这些"术"的东西于他太容易，一个软件应用有什么可教的？

"因为总有人要找我学，我就开发了一门初级课程，名字很土：《PPT制作技巧》。"

第一个客户是江苏南通电信，时间是2006年底，一场四五十人的讲座，收入1.2万元。"我都不好意思收，因为之前这些都是免费给人家讲的，现在居然有人付费。"

合作的机构都特别愿意推荐马建强的这个课程，实用、接地气，有市场需求。"离开联想后，我又一次体验到了巅峰时刻，这是我自己的巅峰时刻啊。"

"仿佛有道光照到了我，特别神奇的感觉。一来二去，不知不觉，我发现自己的定位越来越清晰了。"

悟道有八万四千法门，PPT成了马建强的那扇门。

2009年，马建强在搜狐做了一次分享，效果不错。搜狐的张文强老师本着媒体思维，觉得可以做一次PPT大赛，让参赛选手通过搜狐网站投稿，马建强等作为专家进行评审，双方资源优势互补。没想到真还拉来了波司登做赞助，连续搞了三届，每届收到的合格作品都有100多个，评选后颁奖。这提升了马建强在小圈子里的影响力。

有个当时还在人大附中上学的小姑娘成了马建强的粉丝，她佩服这位叔叔的执着、专注，拉着父母请马老师吃饭。后来马建强写书时，这个小姑娘成了他的助手，帮他校对、配图，做了不少工作。为表达感谢，马建强把小姑娘列为第二作者。这个同样专注、擅长与人协作的小姑娘，后来考上香港大学，又去美国念了博士，现在是一家互联网大厂的首席科学家。

更多的时间，马建强所做的培训都是在企业内训场景——一个大会议室或者是外包的一个酒店多功能厅，一块白板、一块幕布，三五十个学员围坐在四张或六张桌子的周围，他作为老师游走其间，讲解案例、辅导练习、点评作业。他努力地破冰、积极地互动。

马建强从全局视角进行分析："HR坐在最后面，是对你进行评估的直接客户。几十个学员是你的最终用户，有的学员是切实需要，有的学员就是上班来摸鱼的，还有人时不时就想挑战一下讲师。合作机构的人在观察现场效果。每一次看似差不多的培训都是不一样的，充满了不确定性。"

还有三五百人的公开大课，人员情况就更加复杂，水平参差不齐。有的是自己掏钱来学的，对干货要求特别高；也有家长出钱让孩子来学的，学员主观上并没有什么意愿。但无论怎样，马建强都会想人家是花了钱的，应该在他的课堂上有所收获。

"主题逻辑、视觉创意设计、讲演呈现，这三个方面总会有让人感兴趣、可提升的地方吧。"

"学好PPT，升职加薪不用愁"。这是马建强想出来的一句广告语，简单直白。

身经千百战的马建强说，到现在每次上课他或多或少都还会有些焦虑、有些紧张。

或者应该说是敬畏吧。

为了不当一个自己看不起的"水货培训师"，马建强关注客户，花心思研究、分析客户。他说每次课程都会自我迭代，哪怕只是细微的调整，也就是他追求的"一客一课"。

马建强高阶课程的学员都是PPT达人，比如，他曾经给美国著名奶粉公司雅培的9位内训师上过课，他们的评价是："早10年上这个课，能省出来1年做PPT的时间。"光是各种对齐、找字体、配图形，就能让工作效率大幅提升。

"每次听到学员这种评价，我都觉得是自己的巅峰时刻，那种快乐和满足，1000万元也买不来。"

有一次，在沈阳一家企业上了两天的课，有一位副总特别忙，一会儿来一会儿走，断断续续地听课。但最后她做的总结发言，让马建强对 PPT 的认知上了一个台阶。

她说："以前给市里汇报要用 PPT，我就找秘书，不是说来不及，就是做得不好看。我们也花钱去找电视台、广告公司的人帮着做，但他们不理解我们的业务，PPT 花里胡哨的，还没讲清楚。这次听了马老师的课，我意识到了 PPT 没那么高深，我们过去只是不知道 PPT 能够做什么，才会有畏难情绪。我们需要学习这种技能，这和业务学习同样重要。"

这位女士的话让马建强意识到了道、形、术、器是一体的。"说不会做 PPT，可能是几个不同层面的问题。心理上抵触新技能、对产品功能不熟悉、审美水平不够，但最根本的是如果一个领导想不清楚要表达什么，手下怎么能做出一个好的 PPT？外包给乙方就更难了，内容提炼和形式美化被割裂了。"

软件是器，操作是术，指导操作的流程是法，道是什么？以终为始是为道，明确客户是谁、想要什么，把信息准确地传递出去，才是最根本的。

马建强给那些不亲自动手做 PPT 的领导一些建议："布置工作前，先动手在纸上、白板上，看看能否用点、线把事情说清楚。"

"乔布斯的 PPT 可以就用一行字，但我们大多数是普通企业家，交付给客户的PPT一定要逻辑清楚、数据翔实、模型运用恰当，之后再考虑如何美观生动，让人看得下去。"

"现实中，双方往往对PPT工具的理解都不够到位，这是我、一个PPT培训师能帮你改善和提升的地方。"

越讲，马建强越觉得PPT不简单。

他认为自己长于做PPT，是和联想注重精益运营密不可分的。战略规划、销售预测、复盘等都需要大量的PPT来支撑。联想的成功在于真抓实干、逻辑严谨、执行力强，也得益于20世纪90年代末就开始借助邮件系统、内网以及PPT这些工具，提升沟通效率、保持信息同步。

"光说不练假把式，光练不说傻把式，又练又说真把式。"几乎每次上课，马建强都会和学员提到柳传志常说的这句话。创业初期的联想是科学家站柜台，柳总就是希望联想人勇于面对市场、拿出真把式，不仅推出好产品，还要营销到位、沟通到位、服务到位。

新冠疫情开始后，马建强没办法出差讲课了。他的客户已经有上百家，主要集中在长三角一带，大中型企业居多，国企、传统制造企业为主。大半年过去，和许多困于疫情的人一样，马建强也有些着急，他不想荒废时光。

2020年10月，马建强无意间看到一条中国人民大学艺术学院的招生广告，交几万块钱，免试入学，学3年，就可以拿到国家认可的硕士学位证书。有个附加条件是工作满3年才能报考，马建强觉得太适合自己了，他工作都快30年了。当时最大的问题是，这个班在9月已经开学了，他赶紧去报名，成了一个插班生。

马建强想学习，也是被女儿刺激了一下。那时女儿刚考上研究生，本科学工，研究生转到金融专业后有些吃力。他就说："这能有多难？你就多背、多看啊。"孩子不服："我都研究生了，妈妈是博士，你一个本科生凭啥说我？"

马建强接受了女儿的批评，"鸡娃不如鸡自己"，以身示范才是最好的教育。

一路拼搏到中年，抓住这么个系统学习的机会，马建强十分珍惜。"设计对我是真有用，我这个事业本身是视觉传达的一种形式，我一直想把PPT做出艺术品的感觉。"

人大这个课程本来是线下的，上了几次课以后，疫情愈演愈烈，就全改成了线上授课。报名容易，学起来一点不含糊，要参加统一的英语、政治考试，还有校考的11门课程，包括视觉设计、艺术哲学、设计方法学等专业课。

马建强最怵的是英语。他从小英语就不行，高考时磕磕绊绊考了60多分，大学也没把工夫花在英语上，四级只考了58分。那时要求还不太严格，凑合着没影响毕业。现在这成人英语怎么学呢？

"人大安排了两天的英语辅导课，老师提出要制订学习计划，让我们先背单词，还教了许多刷题的注意事项。听这门课的同学很多，但是感觉绝大部分都没像我那么认真地遵循老师的方法论。"

"我不仅做了 6 个月的学习计划,还把大时间表拆开,列了详细的推进计划,时间管理、项目管理这些技能都用上了。目标明确,咱不就是要让战略可执行嘛。"听着这些熟悉的语汇,我不禁哑然失笑。

"我先下载了百词斩 App,早上、晚上、开车的时间我都在背单词,白天背,睡前复习。先背基础词汇,然后四六级词汇,之后再刷题。刷到一半的时候,我就有信心能过了。"

从 12 月开始捡起多年未用的英语,到了第二年,也就是 2021 年 7 月,马建强考了 80 分。

马建强的毕业论文是《基于认知心理学的演示幻灯片设计研究》。

论文导师比他小好几岁,知道马建强的工作是教人做 PPT,但他表示不能理解:"一个办公软件跟艺术有什么关系?有什么好写的?"马建强的论文初稿也搞得跟 PPT 似的,一个观点下面拉几个点,导师都快跟他急了。

他想坚持这个选题方向,就去找导师反复沟通,他将 PPT 重新定义为"一个人面对一群人发布信息、进行演说时所要借助的视觉辅助传达工具"。他把远古时期巫师祷告的"涂鸦"行为界定为幻灯片的初始,把教师授课时的板书或手绘视为演示幻灯片前传。他的研究从 1654 年德国人基夏尔笔记中的幻灯机写起,一直写到 PowerPoint。

被说服的导师最终帮助他找到了"认知心理学"这个切

入点，论文这才走上了正轨。

大多数人恍恍惚惚过来的疫情3年，马建强全身心地投入到了学习中。

"走出迷茫的唯一方法就是把当下的事情做到最好。"

那篇论文，几易其稿，版本编号排到了V13，最终完成时接近4万字。这个有64人报名的班，到2024年只有两个人拿到了学位证书。

在人大上了课之后，马建强觉得自己的认知心智进一步提升，看待事物的视角更为丰富、全面了。他和学员们分享："你如果是自我视角，就只会讲自己的产品、那些枯燥的配置参数；你如果是对方视角、客户视角，就会讲产品的客户价值、客户利益点；一个员工在组织里如果是吃瓜群众的视角，注定做不好工作；如果能做到柳总所说的'跳出画面看画'，就能更好地展开生态协作，而不是本位主义。"

马建强所销售的课程都是自主研发，除了新手速成的实用PPT技巧，还有商务演讲表达训练，以及侧重思路逻辑的设计、思维导图与创意思维训练。

"我不愿意说'自成体系'那种大话，但我希望大家能全面理解PPT的价值。人工智能已来，人得把既有软件里的智慧先学到位。"

我很认同马建强的这个观点，人工智能对懂的人、明白人才有用。ChatGPT也会有马太效应，超强赋能，很弱的不仅赋不上去，弄不好还会被反噬。虽然人工智能也会绘画、合成视频，但人的艺术想象力是无可替代的。马建强越发想把PPT做得好看。

在讲师简介里，他不无骄傲地添上了一行："中国人民大学设计艺术学硕士"，上面一行是"专职讲师、视觉教练、演讲教练、插画师"。之前他曾尝试着学过手绘，练习了挺长时间的画线条。现在他习惯性地拿着一个手写板，和人交流时一直在写写画画，练习插画。

培训课上互动经常需要一些价格不高的礼品，常见的是书和笔一类的。马建强自己创意了一种——手绘鼠标垫，从淘宝上购买空白的，然后自己设计、自己画。

学了艺术之后，马建强多了一个爱好——去各个美术馆看展。

他喜欢美国当代涂鸦大师凯斯·哈林的作品，喜欢那些线条和对比强烈的色彩。而他的偶像则是蔡志忠，作品有《庄子说》等。蔡志忠成功将中国传统哲学和文字以漫画的形式进行了再创造，马建强希望自己的插画也能有助于演绎复杂的思考。

疫情带来的另一个大收获是关于短视频制作的。

从2020年春节开始，马建强就在抖音、小红书、快手、视频号、B站等主流平台上发布教学视频。现在他的抖音账号已经有了21万粉丝，算得上是个小网红。

"最早发的那些视频，我自己都不忍回看。现在做得越来越好了，自己观看时心里美滋滋的。"

问及短视频的变现情况，马建强不愿意多讲，把话题转到线上培训带来的巨大改变。"线下面授的受益人每次不过几十、数百，而上网了则不一样。我的视频里，播放量最高的是 243 万次，每次在抖音直播都有大几千人进来观看。"

"想到更多的人学会了、受益了，我怎么就那么心满意足呢？什么是成功？我觉得这就是成功。"

"只要你有价值，赚钱是水到渠成的事情。"

我以为马建强这种属于"长期复利主义"，持续专注，每天进步一点点，结果必然不差。温饱有余，以热爱为第一诉求，全身心投入，授人以渔，自己感觉"美滋滋"，何其幸也。

"世人定义的成功无非名利权情，房子、车子、票子。我看和 PPT 一样，都是工具，是完成生命旅途不同任务的辅助工具。借助这些有诸多便宜，但真不能受困其中。"

马建强三句话不离 PPT，凡事皆以 PPT 为例。"想用它，你就跟我学习，包教包会。不爱做 PPT 也没关系，换种方式表达也可以，人生是所有感知的合集，条条大道通长安。"

王小燕
次第花开

在我决定离开联想前,我们品牌沟通部组织去九寨沟开了一次大会,王小燕作为采购系统的业务伙伴(BP)同行。我和她一路走在明山丽水间,感觉像是才认识一样。

以前我们也认识,但交往不多,都是在一起开会,特别正式的那种场合。知道她长得美,觉得她有点儿冷,那种从小当大队长、戴三道杠式的端着的劲儿,不得亲近。那次去九寨沟,半是开会半是团建。爬山时聊一路才发现王小燕特别有活力,也很亲和、率真。只可惜我要离开联想了,离开许多觉得好、舍不得的人。

后来,王小燕居然也要离开联想了。她特意来找我,我们一起在一家商场里吃了一顿光线昏暗的云南菜。当时的风潮都是去互联网,小燕说她要去一家外企,继续做供应链,因为那家公司更能满足她的专业发展。

她向我咨询了一个相当冒昧的问题，问我挣多少钱、她向新公司谈多少薪资合适——一看就是在联想待太久了，对于市场行情、自身价值不太清楚。我跟她说，以咱们这种人丰富的实战经验、不惜力的工作态度以及靠谱儿的劲儿，开多少老板都会觉得超值。

退休后，我一心想着开启美好生活、调节情致，就总想去约小燕，因为这几年朋友圈里的她就是美好生活的代言人。她做那种品相好看的饭，配着精美的餐具；她插花，是那种以曲为美的日式风；她在全世界各地跑马拉松、徒步，还运营着一个 400 多人的群，做直播，分享的都是花啊旅游啊……活色生香、热气腾腾，让人羡慕。

那段时间，我父母的身体一直不好，我退休后实际上并无太多闲暇。我本质上又是个社交被动者，一直拖到夏天某日，才打起精神问王小燕何时方便聚聚。她回复说回内蒙古老家了——天啊，我一直以为她是南方姑娘，居然才知道她是喝羊奶长大的。

"我在呼市附院陪我老妈呢，她已经在医院住了一个星期了。"

"我妈妈上周因肺炎住院了，我赶过来后一直在医院陪护她，估计还得至少半个月才能回北京。"

"这几个月一定要注意老人和孩子，'新阳'和'二阳'的人特别多。我妹的孩子们又感染了一遍。"

"要注意好好吃饭、好好睡觉，适当锻炼、心情愉快，提高自身免疫力。"

她连续发来几条微信。

隔天,她又发来一条:"24小时陪护,昨天刚出来,去酒店洗了个澡。"

过了几天,她又主动跟我聊:"我赞助了一个大学生公益项目《雁行中国》,是一个985、211高校寒门英才成长故事和学习经验分享团,来自全国7所大学的10名学霸给呼市的3所中学新高三学生传授他们高考一年的精力管理、精神支持和学习心得。他们14—17号来呼市。"

"余生就打算做点儿实际的事情,核心是四个字:利他、奉献。"字里行间的孝顺、爱心,加深了我对她的喜爱与思念。终于见面,已是深秋,地点是靠近顺义的一个艺术园,她的花道工作室。

2023年的秋天格外漫长,去之前我还担心那种工作室会空旷、阴冷,穿得格外多,却不想赶上了一个绝美的秋日。

我比小燕到得早,在园区里走,阳光在等待中一点点亮起来、暖起来。秋天的红绿黄褐涂在草木花竹之上,洋洋洒洒,恣意得很,有风过来就静静地落下几片叶,有清灵的声音,和着三两声鸟鸣。

小燕的车开进来,她脆声朗笑着下来,忙着开后备厢、到后排座上去搬一早买的花——很多盆各种颜色、各种形状的菊花。在她熟练的忙碌中,我竟插不上手,听她说这工作室有两个多月没来了，要好好收拾一下。"

实际上，屋子里十分整洁，是那种关于江南小院、诗歌赏析、传统文化类的公众号美图一般的陈设，有许多形态各异、精美好看的茶具、香插和花器，当然也少不了佛像、文房四宝和音乐。

小燕在这中间穿梭着，给我泡茶、点香，问音乐声音合不合适、看花是不是要这样摆。岁月有痕，但她依然是美的，像流水浸润过的那种柔和、静美，和这里的氛围很搭。

从夏到秋的等待过程中，我看了新冠疫情期间小燕做的一场直播的回放，目的大抵是推荐企业教练的课程，这是王小燕灵活就业的项目之一。自2019年离开西门子以后，她的有一定收入的工作可分为两类：一类是领导力教练，帮助企业的中高层管理人员个人成长；另一类，就是这个名为"香森花道"的工作室。那个400多人的社群，主要运营这两类课程的培训。

两个多小时的直播中，她和另外一位主持人一起输出了很多的职场认知，每句话、每个观点在我听来都是正确的，但实话说有一点说教的味道。

这场直播让我比较全面地了解了王小燕的职场历程——

小女生时，她的梦想是当主持人，偶像是杨澜。至今她依然耿耿于怀没考北京广播学院，而是学了国际贸易。毕业后她顺利留京，在一家做期货的公司上班。那是阳光打在脸上、千行百业生机萌动的年代，当一起租房的室友准备去首体人才招聘会时，小燕让她捎上自己的 10 份简历代为投递。那是个星期天，第二天星期一，联想就联系了她，让她星期二去面试，星期五就通知她被录用为"高级副总裁助理"。

快，是联想给小燕最初的震撼，也让她感受到了一种信任。带着一点儿懵懂、一点儿好奇，她就来上班了。王小燕对于进入联想的时间记得特别清楚：1999 年 1 月 19 日。

第一年做总裁助理，第二年就成了秘书处的副经理，和经理共同管理 30 多位秘书。王小燕记得有一次到中国台湾出差，她一个人要支持 7 位副总裁的工作。超强度锻炼、快速成长的代价是没有节假日，周六、周日不是开汇报会就是开务虚会。在联想最初的两年，她没有休过假，"连谈朋友的时间都没有"。

联想秘书处的制度是两年左右转岗，小燕就转到采购部门。刚开始对接微软、英特尔这些大供应商，首先管理策略性物料，逐渐加上部件管理，从关键部件再到广泛部件、通用部件等，她就这样一步一步地进入采购的深水区。

王小燕也从最初的采购经理成长为一个五六个人小团队的管理者。那时候公司的企业资源计划（ERP）系统刚上线，风华正茂的年轻同事一起，没日没夜地加班也不觉得累。

不久，王小燕感觉自己对后端已然驾轻就熟，而那时前端市场正值热火朝天的大发展，她就内部转岗做起了笔记本营销。那两年笔记本部门发展得很快，团队整体绩效一直都遥遥领先。德鲁克发明的绩效考核就是鞭打快牛，永远要有排在后面的。有一次，小燕的绩效考核被打了个B，真算不上太差，但这让永远要积极进取的她无法接受，"真是哭得一把鼻涕一把泪的，当时就觉得太难堪了、太难以忍受了"。

王小燕又一次开始在内部找机会，正好田海沙、冯语欣管的海外业务部需要人，而王小燕当时正在北京大学读MBA，外语也不错，符合要求。"处于上升期的大厂就是有这样的好处，一直在裂变，不断有新的机会冒出来，年轻人有机会在一个公司里面轮转不同的岗位，多方面地打磨，换位思考，特别有助于全面发展。"

事隔多年，王小燕反省着自己："当时怎么就那么觉得无法接受呢？"同时又深感幸运："被海沙收留了，给了我一条新的通道，可以重新开始、证明自己。"

更加幸运的是，进入海外业务部的第二年，联想开始了并购IBM PC的准备工作。踩着这个点儿进入海外业务部的王小燕，被分到了并购组，她带领间接物料采购组参与谈判。这一场"蛇吞象"的大战役，无疑让王小燕大开眼界，得到了极大的锻炼和提升。

并购结束后，杨元庆说并购小组成员可以优先选择去哪个部门。这个时期，自我认知相对成熟的王小燕已经决定在"间接物料采购"这个领域深耕下去。多年的学习和积累，让她感到这份工作既需要有整合资源的能力，也有机会去探索不同的业态，这些都是她擅长和喜欢的，她觉得自己应该能做出一些与众不同的东西来。

2005年到2012年，王小燕带着间接物料采购部门整合分散的业务，实现集中采购。这既要充分放大集中采购的优势，又不能因集中而影响效率。在集中采购、提升和供应商谈判势能的同时，更为重要的是重建内部采购流程，及时引入电子化采购的概念。2008年，小燕带着团队做了一个又一个节流增效的项目，还上线了电子招投标平台。

在那之前，快速发展的联想业务招投标都是分散在各个业务部门的，如何既不影响业务高速发展，又能让流程合规、公开、公正、透明，如同杨元庆所说的"给行驶中的列车换轮子"，是个巨大的难题。王小燕团队开发的e-bidding注重和实际操作的流程紧密结合，覆盖招标前、中、后以及后续的订单管理，涉及IT、市场营销、物业管理、部门团建，每个月都有几百个项目在上面跑。据说，现在联想还在用这个系统。

王小燕印象特别深的是，2008年奥运会后，他们去调研了整个公司打印机的情况。为了工作方便，每个部门都有自己的打印机，甚至不止一台，全公司总计两三百台。经过集中式管理，除了财务和人力两个敏感部门，其他的全部实现共享打印，跟后来创业公司的共享办公（we-work）模式很像。通过测算，基本保证每个楼层、百米之内有一台打印机，员工需刷卡使用，便于费用分摊，统一由供应商进行巡回维护、补充纸张。这样毛巾拧水、点滴节约为联想省了不少钱。

"真说起来,这些也没什么特别的,就是深入一线,一心为公司利益考虑。"

"可能是和当过秘书有关,亲眼看到、体会到老板们真把公司当家。"

"我那时候本位思考,直接物料从供应商谈下来的折扣,一给大客户让利就显不出来了,而我这间接物料,那不就是从公司运营中省下来的,每一分钱都是钱。"

我和王小燕一起回想着当年品牌团队和策略采购团队打交道,办活动、投广告,回回都是急茬儿,时间紧、任务重。这行儿的特点是许多创意都是独家的,我们非要用,策采就要求我们走流程,几家比稿、比价。这种内部"天敌关系"的两路人马容易相互不信任,既担心对方有腐败,又怕流程卡了业务进度。

我记得2010年,公司搞过一次"阳光采购"行动,就是那时,我和王小燕因为都要给公司省钱而成了伙伴。品牌部门梳理出策略供应商名单、长期供应商名单,规定了多大的金额还需要重新投标,结合业务特点,既考虑稳定合规,又保留了灵活机动。后面针对下面事业部有拆单等现象,小燕他们还给过我分析报告,不断对规则进行微调。

业务的立场是满足客户需求,把产品、项目做得更好,成本会是其中一部分,但采购永远只有一个立场——让公司能省一点儿是一点儿。

小燕说起一个与微软有关的小案例。微软操作系统的采购结算是按照贴在电脑上的微软操作系统的标签（COA Label）来计算的。她那时跑工厂，发现在生产过程中，标签会有污损，污损的标签会被工人放在一边不知如何处理；有些还会因为产品返线而没有到达最终客户那里。根据当时看到的情况，她细算了一下，发现如果能和微软讲清楚、争取到返还索赔，将是一笔不小的费用。抱着试试看的心理，她把返线产品的标签弄下来，10个贴一页，就这样拎着一包样品去找微软谈判，居然谈成了。后来，微软专门为此制定了返款流程，策采跟进给工厂进行了培训，把类似的情况统一管理了起来。"后来，返还款项打到了联想账户，尽管不多，但也是一笔营业外收入啊。"

这就是联想的精细化管理，就是柳总所说的"毛巾拧水"，联想人就是这么一拧再拧的。

间接物料采购，在联想属于全球策略采购部门，内部简称"策采"，当时的主要工作是进行全球的业务整合。王小燕作为策采的总监，不仅从IBM的材料分析里学习到了跨国公司的管理经验，同时通过对数据的分析，发现了联想的独特优势。从内地市场到中国香港市场，到除了北美洲、大洋洲以外的新兴市场，一步一步收复，一步一步整合，成就了王小燕职业经历中的一段辉煌。

这是中国企业征战国际市场的历程，在一个个项目实战锤炼的过程中，王小燕能担责、敢授权，培养了一批策采专业人才，团队从十几个人发展到 35 人。现在这些散作满天星的联想人，在华为、腾讯、京东、美团、沃尔玛中国这些声名赫赫的公司中担纲着采购的重任。

"那段时间最受磨砺，每天都是工作 16 个小时以上。我吃了整整 8 年的褪黑素。事儿赶事儿，在责任驱动下整个人停不下来，白天和中国团队开会，晚上和美国团队开会，开完会以后还要写大量的邮件。那个时候就是拼命，我像只小仓鼠在笼子里面狂奔，一味消耗着自己，过程中不知疲倦，甚至有些'嗨'。"

联想国际化后，原本节奏就很快的员工新增了很多压力，除了英语，还有一个要命的问题是时差。依全球惯例，跨国会议的时间基本是按美国的时间，12 个小时的时差是没有办法改变的。坚持到了 2009 年，小燕发现自己的身体是真的顶不住了。

问题在 2005 年已经有所显现。当时的王小燕刚升职，初为人母，同时读着 MBA，各方面的压力一起袭来。她第一次崩溃，被认为是产后抑郁，医院的测试报告显示重度。"那个时候就是每天都哭，哭到乳汁都分泌不出来。我就开始了自我否定，觉得自己身为一个妈妈连奶都没有，就更加情绪低落，恶性循环，搞得孩子也很瘦弱，折腾了 40 多天才好一点。"

之后，王小燕的情绪失控开始间歇性发作，一旦垮下来，首先体现在"身体完全不听使唤，躺在床上动不了，一睡一天一夜,然后昏昏沉沉起不来"。好强的王小燕对自己这个状态很失望:"为什么我会如此脆弱?为什么会有这些莫名其妙失控的感觉?我不能太过任性,我不可以放纵自己……"她把身体的不给力归结为意志不坚强。

2009年3月,一直走不出阴郁情绪的王小燕,发着狠逼自己锻炼。暮冬初春寒意料峭的早晨,她强迫自己每天起来走20分钟。坚持走了两个月,身体似乎好了些,她就开始跑步。等到国庆节的时候,她跟着几位朋友去尼泊尔徒步,回来后就参加了北京半程马拉松。

精神科医生和心理专家给的建议是长期服药,她不想吃,于是跑马拉松成了她对抗病症的手段。

王小燕是我朋友圈里比较早跑马拉松的人。我感觉极限运动如同宗教,有托举孤勇者的力量。而2009年恰也是社交媒体兴起的一年,跑完晒一晒,本质上也是在炫耀自己体能好、有毅力吧。那些现场的欢呼、线上的点赞,会反射、放大真实的慰藉和鼓励。

间接物料采购一直是小燕职业的重心,她骨子里有愿意去探索不同业态的好奇心,关注大局、时代趋势,渴望了解新的事物。从间接物料采购这个切入口,王小燕每日都在获取大量的信息,也接触到很多专业领域十分优秀的人。她特别佩服一个大半辈子都在研究铜材料的行业专家,但也特别清楚地知道自己不是那样的人。她有跨界思维的能力,长于整合再创新,这在快速发展的联想显得十分有价值。她和团队一起整合后端资源，对联想的增效节能起到了很大的作用。

然而，不断的创新需要不断更新海量的信息，当数据量超过了人的算力，系统的崩溃是必然的。

2012年5月，猎头找到王小燕的时候，一句话就让她动心了——"西门子特别注重生活和工作平衡，假期多，尊重员工的私人生活，6点下班之后绝对不会有任何人来打扰你。"

这让进了联想就一直不停转的王小燕感到不可思议，她想试试换一种工作方式，何况这个位置实在难得——西门子北亚区的非生产性采购业务负责人。这个岗位之前一直由德国人担任，而且采购岗位本身很少会从外面招人，尤其是高层的岗位，这一次是非常难得开放给中国本地人才的机会。

面试过程中，王小燕了解到西门子几大业务群在中国的业务量超过了联想全球的总量。这个岗位要支持中国大陆的50多家分公司和工厂以及北亚区，要管理的跨国团队多达110人。

"我觉得这是一个新的挑战，如果能够胜任的话，会是自己职业生涯新的里程碑。"

调整的需求，自我突破的欲望，推着王小燕往前走。6轮面试，从5月一直面到10月，她才见到德国的直接上级，最终确认下来已经是12月了。

一路通关一路赢的感觉让她很爽，但到最终要离开联想时，却是一番极度艰难的挣扎。她已经在联想13年了，离开是那种剥离的感觉。

就是在那时候她找过我一次，因为她很纠结，觉得我能理解她的感受。那段时间她不止一次地拉抽屉。

"我在联想名声挺好的，人也都熟，做到退休是完全没有问题的，大家也都信任我，自己的团队带得也挺好的。"是，光说累就要离职，哪个领导能放？后来王小燕就说待遇，说自己有虚荣心，到了西门子有自己的办公室、助理，这些能让她感觉"好像混出点儿样子了"。

然而，她真正看重的是，这家要大力发展中国市场的国际大厂，为她提供了一个比联想更大的平台。

刚到西门子的前半年，王小燕做什么都会下意识地和联想对比，被上级提醒过"不要老说联想的故事"。

她此时的主要工作目标依然是降本增效。当时正值中国的互联网、电商蓬勃发展，如何充分利用线上工具提升运营效率，她做了许多尝试。

比如，和京东、淘宝共建一个内部的间接物料电子商务采购平台，让采购更加后台化、更加隐于无形，通过系统做好数据分析、规范作业行为、优化运营、降低管理成本，员工体验还要更好。

再如，在差旅成本的管理中，王小燕的团队发现大领导、大销售的成本往往是最高的。高的原因不仅在于频次高，还在于变动大、突发情况多，如果能提前14天或7天做好计划，仅预订机票的折扣就能让成本降低至少10%。

订票的责任人是秘书、业务助理，他们的岗位职责是最快、最灵活地响应老板需求，而不是省钱，他们会说老板、销售创造价值不是靠省，而是靠把握瞬息万变的市场机会。"但能省还是要省啊，这是我的职责。"王小燕拿着翔实的数据逐一找他们聊，对比分析不同行为的差异，还制定了针对他们的激励机制，培训他们时间管理、向上管理的技能。

智慧差旅、内部e-booking，现在说来不稀奇，在当年都是很领先的。我和小燕都认同，"所谓智能，先要有基于最佳实践的大数据，在这一点上没有捷径，走过的每一步都算数"。

王小燕感慨于德国同事基于事实、用数据说话、因地制宜、向前看。她觉得自己能在西门子干得不错，得益于那里的工程师文化"真的和联想很像"。

在西门子建立起来了非生产性采购部门的网站，重新梳理订单系统等，都提升了供应链的运作效率，这些业绩如今想来让小燕很满意。

但工作与生活的平衡，其实并没有实现，哪里有人随随便便成功。小燕一如既往地繁忙，虽然工作性质不一样了，少了些加班和高强度的电话会，但管理的区域大了，出差必不可少，每个月不止一次国际差旅。她负责的业务区域从北亚区扩展到亚太区，然后又到印度。每一次，她都被任命去开疆拓土。

可能对于普通人来说出国是个美差，但对于"国际飞人"来说真的是灾难和折磨。即便是商务舱、五星级酒店，人也是受不了的，基本都是靠药物倒时差。在机舱的一片黑暗中，还要点着小灯改PPT。即便在国内，西门子也有50多家企业。王小燕的工作性质决定了她需要高频次地出差。

经年累月高强度的工作，加之小燕的性格——昂扬向前、拼搏向上，凡事做到极致、做到最好，总是把自己逼到无法承受的极限，一旦过了某个阈值，她就会彻底崩溃。病情反反复复，2019年，46岁的她，终于"咬着牙、含着泪"，主动放弃了曾经那么热爱、那么熟悉的职场。

"那个职位（她当时已是西门子物业管理集团亚太区供应链管理总经理）已经没有太大吸引力了。当一个人没有热爱，完全为了责任而工作，其实是很痛苦的。锦衣玉食、天天公务舱，那不是我想要的。我做出了那个决定，把那扇热闹的门关上了，一转身跑进黑夜，就像在一个热闹的聚会，我说我要先告辞了，大家继续热闹。然后一转身发现我冲进了黑夜，但是黎明在哪里，我不知道。"

这样的黑夜，她也不是第一次经历了，从2005年得了产后抑郁之后，她产生过十几次自杀的念头。

2020年，她在《我和我的抑郁症》中写道："当周期性的抑郁症压倒过来时，那个生龙活虎的人，一觉醒来，竟会如爬虫一般，彻底瘫倒在床上，或者蜷缩在沙发里，披头散发，心如死灰。那种时候，一丁点儿声音都听不了，一句话也说不出口，仿佛整个人的程序被格式化了。"

王小燕患的是躁郁症，学名"双相情感障碍"，这种患者的情绪像挂钟一样在两种极端的情绪里不停地摇摆。当偏躁狂时，他们的情感会极度高涨、言语活动增多、精力过于充沛等，让人无法分辨是病还是正常的亢奋；而当钟摆倒向抑郁这一侧时，患者就会和平时判若两人，出现胡思乱想、沉默自闭、疲劳消沉等症状。

我看过一套书，叫《躁郁之心》，是美国的一位医生兼患者写的亲身体验，她因病情的公开而被吊销了行医执照。我感觉这种病的患者大多是才华横溢、想法多、体能好的人，他们对自己有很高的要求，喜欢冒险和挑战自我，一旦冒进犯错，又会陷入过度的自责直至自杀。这次见面后我买了这套书送给小燕，她说："刚看了10页，简直就是我的自述。"

我眼中的王小燕和这位美国医生一样勇敢，因为精神类疾病有一个很大的问题是病耻感，即便在抑郁、"emo"流行的当下，也不是所有人都有勇气公开自己的病情。她这样记录曾经的自己："不敢去医院，因为内心不敢承认自己有病；不敢因为抑郁症而被人认为情致出现问题，怕受歧视；另外一个不敢是我不相信药物，或者说极度担心药物的副作用。"

她给我看手机里存着的照片，着实吓到了我。照片里的她憔悴、浮肿、凌乱，和平日里的她完全不一样。"症状会像过山车一样，从低谷的生无可恋到高峰时转化为彻夜的失眠兴奋，短则七八天，长则两个星期。最为严重的时候，常常连续失眠一周，无法集中精神，无法有专注的注意力，对所有事情都失去兴趣，言语滞讷，脑海中各种胡思乱想。天天想着自己活着毫无价值，外面的世界处处恐怖、危机四伏、无法生存。时不时想着去了断自己的生命。"我想起，经常看到她半夜发的朋友圈。唉，我朋友圈里失眠的人可是真不少。

2009年至2017年，在这几年的时间里，意志力顽强的王小燕基本是靠马拉松和徒步来对抗自己的精神问题的。这个上大学时跑个800米都撕心裂肺的运动小白成了马拉松达人，8年8次全马，跑过布拉格，跑过柏林。她徒步在风沙漫漫的河谷看壮美的日出，和夏尔巴小哥一起健步如飞；她曾经连续7天每天至少走25公里，也经历过洪水过后的泥石流、山体滑坡，差点送掉性命。

这些劳筋骨虐体肤的极度体验，以一种痛掩盖着另一种痛，以强刺激换取短暂的宁静。

"跑步是我的生命线，我不能停止每一天的奔跑。"

王小燕那几年就是沉浸于这种坚韧不拔、坚持不懈带来的自我感动中，但即便如此努力，多巴胺、内啡肽也无法阻挡时常来袭的躁郁症状。更为倒霉的是，2017年初，在北海道滑雪时，小燕的左手腕韧带撕裂了，之后长达5个月不能跑步、不能在健身房训练。强撑了几年的平衡体系终于无法维持了，焦躁、烦闷以及对身材发胖、工作力不从心的担忧、恐惧，如同窥伺已久的一群恶狗从四面八方包抄了过来，眼睛浮肿、鼻子出血、头疼、失眠等一起咬噬着她。

那一年的夏天，王小燕的自救方式来了个急转弯，她开始中医养生了，由动转静、从西到东。她评价马拉松阶段的努力，觉得自己"愚蠢至极"，这种过度的自我否定也是躁郁症的一个特点。

那时她找到一个中医调理师，像抓住一根救命稻草一样。她快速切换到了一个新的模式，又开始了新一轮的竭尽全力。

中医的辩证里没有所谓的抑郁症一说，一切都是阴阳失衡，阳气过于损耗，身体能量自然就会严重不足。治疗要先修补内藏而后再补养阳气，前提是王小燕需要写下保证书，规律作息、接受调理、每天站桩，等等。

改变一时也看不见，而这些日常生活方式的调整又需要极大的自律，但小燕居然完全接受了下来。经由呼吸的练习，她感觉渐渐开启了和自己身体的连接，感受到身体疲累的信号和细微的疼痛。"倾听到了自己身体的声音，元气一点点地回来了。"

"最质朴简单的原则就是'饿来吃饭困来眠'。当我放弃对抗，不再和自己较劲儿，把'一定要怎么怎么样''应该怎么怎么样'统统放掉后，我的身体渐渐回归到自然的状态，能够清晰地告诉我她的感受。而我也必须臣服、顺应她，适时地照顾自己、滋养自己。我的抑郁仿佛也放慢了它出现的节奏和强度。"

在中医调理的同时，王小燕开始了企业教练和花道教练的学习。如果说站桩是内观，那企业教练则让她看到了许多曾经的自己，花道则是在观自然，三者复合在一起，让王小燕走上了精神上的涅槃之路，逐渐去明了痛苦的意义。

企业教练的缘起，还是西门子给王小燕安排的为期一周的领导力提升培训，2016年，在新加坡。

当时小燕到西门子已经4年了，职业发展遇到了些许瓶颈。看到了一份自己非常不满意的360度评价后，她那个要强、要好的劲儿又上来了。45分钟的教练谈话，她先哭了20分钟。那位女教练在旁边默默地递纸巾，什么话都没说，等小燕哭不动了，她问："你为什么会来西门子？""对你来说，最重要的是什么？"直达本质、关乎价值观的两个问题，把困于当下的王小燕问住了，也似乎一下子让她开释了。

这种方法大约就是传说中的醍醐灌顶、当头棒喝吧，职场中的聪明人，本就是有能力自己治愈自己的，或者说其实也只有自己才能治愈自己。

经此一回，小燕对"教练"这个角色产生了极大的敬佩和向往，她觉得那45分钟的时间真的可以改变一个人，是打破牛角尖、让光透进来，让人重新觉醒的神一样的存在。

之后王小燕了解到"教练"这种职场辅导模式，是2007年前后进入中国的。市场上有不同的流派，她最后选择深入学习的是"共创式教练",它的四个关键词是 Nature、Creative、Resourceful、Whole,意思是说每个人都拥有完整的资源、富有创造性的能力,可以解决他面临的所有难题和挑战。

王小燕甚至说服自己的先生和她一起去报了班。上完两天的基础课,她决定开始为期半年的学习。那是在 2017 年。

2019 年,王小燕又成了另一位领导力教练 Hide San 师资认证班的一员。当时的导师提到:"痛苦可以被视为生命的一份礼物,让人从 Pain(痛苦)到 Passion(热情),再到 Compassion(慈悲)。"这给了她很深的启发。

对于骨子里绝对不会服输的王小燕来说,生命的活力和创造力最重要,痛苦只是激发她热情的一种元素。她天然就是会不断尝试改变、横冲直撞,应对痛苦甚至是制造痛苦。然后"因为懂得,所以慈悲",因痛苦引发的同理共情,促使王小燕总是想去帮助其他正在经历痛苦的人。

离开西门子和当年离开联想不同,王小燕没有丝毫的纠结,没有再找任何人商量。教练课程支持了她,她觉得要遵从内心、去寻找自己的路。

然而,现实的问题总归是现实的。那时小燕的孩子还在读初中二年级,未来的教育怎么办?虽然已经有了一定的财富积累,但家里的生活必然会受到很大的影响。作为一个负责任的母亲,小燕给自己下的指标是"至少要规划到他硕士毕业"——那还有漫长的 10 年;另外还有老人的赡养,以及自己和先生的养老等问题。

在 2019 年 11 月 30 日正式辞掉工作之前,王小燕做了全面的财务规划,分析自己到底需要多少钱。她买了保险,然后做了一个重大的决策——卖房子,卖大房子换小房子。现在她又在考虑第二次卖房子。"我现在的认知又提升了,一切皆为身外之物,人这一辈子不需要那么大的空间、那么多的东西,变成现金可以做更多有意义的事情。"

有意义的事情,除了供儿子上学,还包括做花道工作坊。

王小燕有一次在朋友圈里写道:"花道是我和大自然的连接,是我最喜欢做的事情。我经常晚上起来插花,体会到了苏东坡'只恐夜深花睡去'那种惜物的境界。秉烛插花,希望把美传递给别人。"

我记得有一年传奇社送给柳总的礼物就是小燕插的花。她经常说:"花道滋养了我很多,我也通过它来滋养别人的生命。"

王小燕学习的小原流花道,是日本三大主流花道之一,在全球有 100 多万名学生。它诞生于明治时代,开创了许多新的形式。当时欧美文化、包括大量新品种的花卉和植物被引进日本,小原流花道格外强调花材的季节性、品质、自然生长过程、与环境的关系,用插花方式表现出自然风光,并注入文学和绘画的内涵。可以简单地理解为,这是一种日本的现代花道,更适合当今人们的生活和工作环境。

小原流花道一共有十个级别，小燕已经修到了八级，完成了600多件作品。"真正开始入道，除了认识了很多植物，更多的是心越来越宽广。从最早有分别心，喜欢什么花不喜欢什么花，不喜欢叶子只喜欢花，到后来我可以去欣赏每一朵花、每一片叶子的美，会珍惜和它们的相遇，会尽力用己所能去表现它们的美，不让它们在枯萎之前被丢掉。这或许就是对万事万物的恭敬吧。"

除了对花的恭敬，还有对人。

她经常一早6点多钟就去东风国际、王四营这些地方购买新鲜的花材，交了不少花农朋友。作为一个农村长大的孩子，她依然保持着内蒙古人的质朴和真诚，对普通劳动者充满感情。新冠疫情中的一天，她一下子买了几百块钱的花，花农朋友送了她一捆葱，她开心得不行。

在学习和创作的过程中，王小燕常有唯美而略显玄奥的表达："当你看到一朵花在绽放的时候，是它最美的时候。我们自己也要呈现最美的那一刻，我们自己的心要有花开。"

"一度我完全不想插花，讨厌插花，甚至觉得那都是矫揉造作的虚伪。现在，我可以平淡地对待所有看到的美。"

"修习花道让我从对美执着到我可以有一定的距离去欣赏它，再到我可以放下它。这经历了一个很漫长的过程。"

东方文化里，琴棋书画诗酒茶花香等，都几近于道，而道无止境。

另一面的王小燕也会说："我学花道不仅是因为喜欢，

也因为这是一个手艺啊。做一个手艺人永远不会没有饭吃。"

"2019年我离开西门子时，算过我一个月到底需要多少钱，一天100块、一个月3000块，全家人都是够的。疫情期间，当我们所有的开销都围绕生存展开的时候，我就发现，天哪，原来保证基础生存的需要这么简单。"

我们大多数人都是这样吧，生活在对花的喜爱和对钱的焦虑之间。疫情期间，经营这样的一间花道工作坊，不焦虑是不可能的。

王小燕说："很神奇的是，每每撑不住的时候就会有个把人来报个课，不够应付开支，但冥冥之中鼓励着我坚持下去。"

2021年底，就来了那么一位因抑郁症休学的初中女生，愁眉不展的父母只是希望找一种手作让孩子放松下来。于是，小燕开了一期只有一个小女孩的花道班，两个人面对面慢慢地教习、静静地创造。小女孩的父母接连续了4个月的课，之后孩子居然能重回学校了。

王小燕觉得这是一次相互的救赎，她感受到的是安宁、平和、助人的快乐。

"如果在特别迫切地想要去挣钱的心态下，我就会发现作品全不对了。比如刚开始，当我用了很多的力量去发广告、招学员的时候，我就很焦虑。我与花相处的那种纯粹感就没有了。这给了我很多启示，后半生的事情要以另外的态度去做。我更多地去布施、放下，而不是去拥有。"

"当我的关注点一下子从自我转移到对他人的价值上，我才意识到曾经的痛苦确实是莫大的礼物。它让我对其他人的痛苦感同身受，内心充满了巨大的爱和慈悲。"

她记得曾有位导师说过："终究有一天，你的痛苦会破壳而出，长成一朵美丽的花。那份美丽不仅能治愈你的心灵，赋予你的生命以意义，还能令整个世界得以升华。"这些被我视如鸡汤的语句，滋润着王小燕，让一直燃烧着的她静下来、柔起来，把能量转化为一日日的坚持与行动，如花次第绽放。

王继玲担任2008年北京奥运会火炬手

1997 年，联想电脑公司从白石桥搬到中关村 5500 大厦。
中间身着短裙的是王继玲，左一是杨元庆

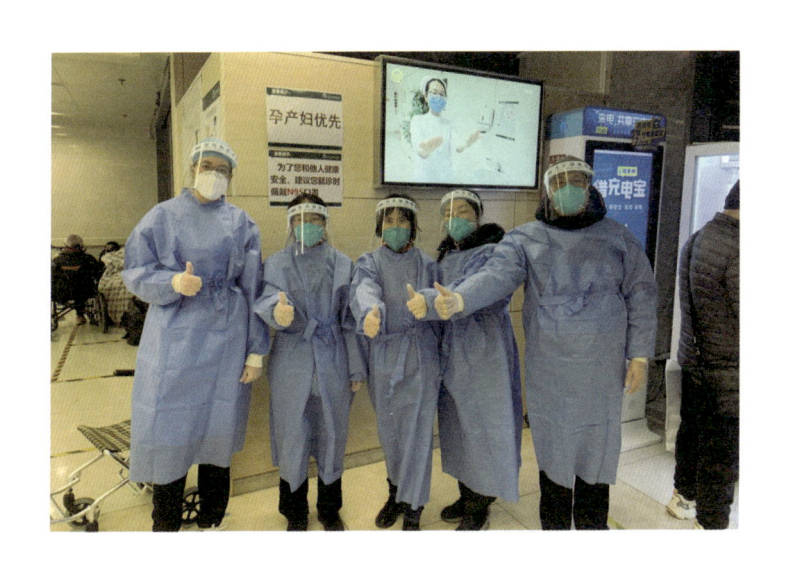

"阳"过之后,王继玲在协和医院做志愿者。中间为王继玲

2024 年 7 月，王继玲在中国人民大学进行论文分享

稳重的任增强

1998年，任增强（左二）陪同杨元庆（左三）接待集团大客户

任增强所获"联想风范奖"和"联想奖"

2002 年，潘晓冬在海南参加联想服务器事业部召开的半年总结会

马建强的网络课程截图

马建强现场授课

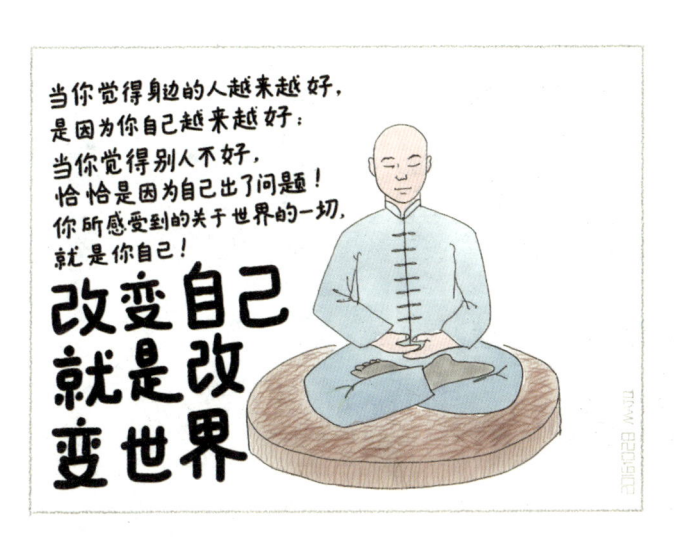

当你觉得身边的人越来越好，
是因为你自己越来越好；
当你觉得别人不好，
恰恰是因为自己出了问题！
你所感受到的关于世界的一切，
就是你自己！

改变自己就是改变世界

马建强手绘的鼠标垫

王小燕的工作室

联想全球策略采购部间接物料采购团队

王小燕在世界各地跑马拉松

王小燕和她的花艺作品

方树功
让"爱与陪伴"可持续

在过去一年多当"全职女儿"的过程中,我沮丧地发现照顾老人的身心灵,我处处都不太合格。尤其是情致方面,不是惹老爹生气,就是被老妈的情绪波动搞得自己几近抑郁。那些志愿者怎么有那么多的爱心去养老院、医院做陪伴?我连自己的父母都照顾不好,他们要让素不相识的老人感受到安宁和喜悦,是怎么做到的?

4月的一个周六,我去大兴参加了"十方缘"一整天的培训。这个公益组织自定义为"老人心灵呵护中心"。

在签到处,我意外地遇到了大学同学裴军辉,我们已失联了20多年。她的本职工作是律师。

现场是一个常规的、简陋的培训教室,摆了三圈折叠椅,不太高清的投影正在播放《孝行天下》栏目对十方缘创始人方树功的采访。

培训主题出乎我的意料，叫《自我成长》，分为上下午两个部分。上午的讲师叫潘璐，原本是个新闻记者，2016年开始做十方缘的义工，已有8年的时间，是位非常有经验的培训师。

现场30人左右，有6位男士，其中一位是陪夫人过来的。他的夫人应该是资深的志愿者，负责这次培训在马蜂窝上的招募，将近一半的学员是她招来的。

自报家门的过程中，我了解到学员来自五湖四海，有从广东、四川、黑龙江等地专门赶来的，有北漂的湖南人、山西人、安徽人等，当然也有几个一口京腔儿的。最小的一个女孩子17岁，是妈妈带来的；还有一个小伙子在读大学，专业是社会工作；有一位社工的本职工作是在街道负责居家养老……大约1/5的人之前有过志愿服务的经验，有从事西部志愿者活动的，有在孤儿院当过义工的，也有一位做临终关怀的。

大家来参加培训的目的千差万别。我右侧两个漂亮、高挑的女孩子，海外留学归来，创业项目是音乐疗愈，在京沪两地有工作室，她们希望能到养老院提供服务；一位40岁出头的中年人说自己纯粹是来探讨生命的意义的；一位不婚不育的医疗工作者，说他是来考察单身老人的晚年应该怎么安排的。

因为家有老人、重症病人想来学习如何更好地照护的，有好几位；还有两三位提到家中老人已过世、心存遗憾，想通过社会工作寻求治愈，一个在互联网大厂工作的女生提到没能送姥爷最后一程而泪洒当场。

现场的学员对于十方缘都有一定了解，读过临终关怀、心灵呵护相关的书——《一个人最后的旅程》《善终守护师》等。人员的素质和年轻化的程度都远超我来之前肤浅的想象。

穿黄色半透明马甲的志愿者们也做了介绍。我了解到裴军辉从北大中文系毕业之后成为专职律师，她于2019年加入十方缘，现在是二星义工。她的主要职责是通过自己的专业知识为老年人提供法律服务，为志愿者做相关培训。像今天这样协助培训，搬桌子、摆凳子的事情其实她很少做，所以我们的相遇真是缘分。

一位精神矍铄的大姐说今年是自己的本命年，在十方缘已经做了10年的义工，重庆人，叫彭艾梅，原来做财务工作。我想，人到60岁还能这么精神，腰杆倍儿直、眼睛明亮、语音清朗，真是上佳的状态，结果主持人牧牧补充了一句："彭老师今年已经72岁了！"

培训一开始，首先播放类似冥想的音乐，让人静下来之后进行内省，结束时念感恩词，感恩天地、国家、父母、十方缘分等。相较于形式，我更关注培训课程PPT的内容：从人口老龄化状况，到十方缘在临终呵护中所起到的作用，以及独家的定义、技术方法等。其中反复强调了对于服务的老人要"不分析、不评判、不下定义"，这"三不"既是十方缘核心价值观的一部分，又出现在它的"十大技术"里，是培训要传达的核心信息。

下午的男老师介绍的是义工操作的具体流程以及18项规范要求。陪护指导和规范细到了这样的程度：进入老人房间前后要洗手、指甲不宜太长、手要先焐热；不能喷香水、穿高跟鞋、戴首饰，当日不可吸烟；结束后出门要退着走。对比陪护应该做什么，我以为这些"不做什么"是更为务实、有益的提示。

培训中穿插了3次演练、互动体验，之后是分享。那位在社区工作了5年的年轻姑娘，有句话让我印象深刻："中国的老人是很悲壮的，他们一直活在'给予'当中。老了之后产生最多的情绪是'愧疚'，是无法再给予子女的愧疚。他们最怕的不是死亡，而是给孩子添麻烦。"她正计划在自己的片区成立一个十方缘小组。

"十方缘不是做培训，而是要践行，知道和做到之间相差十万八千里。"结束时，培训老师和志愿者反复强调。

我最直接的收获是学了几套和幼儿园课程差不多的手指操，回家之后马上就和患有帕金森的老妈互动游戏了起来。

一个月后，通过一家名为"慈愿"的公益组织，我去上庄镇敬老院实地体验了一次陪护工作。慈愿工作站与十方缘同属中国生命关怀协会，他们在养老院的关怀陪伴中引入了十方缘的老人心灵呵护技术，在医院的安宁病房陪伴中则引入了心性关怀培训。从这个角度看，十方缘相当于一个开源的技术平台，赋能众多公益组织。粗略估算，十方缘通过其他公益组织培训的总人数至少是自有团队人数的 10 倍。

陪护开始的前 10 天，领队拉了一个"上庄敬老院陪伴群"，群主是慈愿工作站的一名志愿者，也是十方缘的三星义工。周六的活动，周三开始发通知和活动流程。活动分三个部分：签到、领工服、开预备会；陪伴老人及结行分享；物资整理和撤场。

之后，领队发了十方缘一星培训时看过的《整体规范服务流程》《十大行为规范》《十大技术》等，提示大家有时间再复习。文字内容在金山文档里，视频在十方缘开发的小程序"生命关怀学苑"里。看得出来，慈愿工作站在助老关怀与服务方面，对十方缘体系的引入相当完整。

周四的时候，群里有了分组名单，包括要陪伴的老人的姓名、性别、年龄、房间号，以及主沟通人、辅助沟通人。我属于观摩义工——第一次到敬老院的见习人员，被安排和另外两位志愿者陪伴一对老夫妇，大爷 86 岁，阿姨 80 岁。

上庄镇敬老院位置很好，上风上水，风景秀丽，离鹫峰、阳台山、凤凰岭、翠湖湿地公园都不远。我搭了一位长我一岁的志愿者的顺风车，她指给我看在建的故宫北院。

这家有政府背景的敬老院始建于 1960 年，共有 300 多张床位，目前住着 160 余位老人，管理和服务人员有 50 多位。这里接收的主要是低保、完全不能自理、有身体残障和精神不健全的长者。

敬老院的感觉像个新农村大院，坐在轮椅上聊天的老人看到我们，就大声和同伴说"志愿者、志愿者"，看得出来他们对志愿者来服务习以为常。

一起来的大姐跟我说，她两周左右来一次。周边的很多医院也会定期来这里巡诊，给老人提供购药、化验等绿色通道，家属则可以在一个叫"银杏林"的助老服务云平台上随时了解老人的情况。

我们先去二楼的一间会议室签到。走廊里虽然没有开灯，但依然让我感觉明亮，应该是空间开阔、窗明几净的缘故。

志愿者们均衣着朴素，面目柔和，统一换上义工马甲，背上写着"关爱生命志愿者"。

预备会开了将近40分钟，9个人每人读2项，一起温习了陪伴老人的18项行为规范，再由资深志愿者逐条进行解读。之后，手牵手、闭眼跟读了一段开场词，达成"静心合一"，然后拿上小马扎儿，分组去找要陪伴的老人。

陪伴是限时的，45分钟，一堂课的时间。

之前对老人的了解几乎为零，这么短的时间内要完成破冰、展开沟通，时间够吗？会有效果吗？我很好奇，也很疑惑。

养老院的一位工作人员带我们先见到了要陪护的大爷，她随口提供了一个信息——大爷爱好唱京剧。于是主沟通就开始讲起了《红灯记》，大爷居然就唱了起来。看得出来这位志愿者经验丰富，她接着问大爷在哪儿学的戏，大爷就滔滔不绝地说起来原来住在张家口、自己有两个培养得不错的闺女等信息。主要是大爷诉说，我们倾听。

随后而来的阿姨性格开朗，虽然有点耳背，但非常爱交流。我们5个人分两组聊，我的职责是提示时间。看手机显示还差5分钟时，我碰了一下两位同伴的腿，阿姨非常敏感，忙说："你们是不是后面还有事啊？你们快忙去吧。"我一下子感到很不好意思和心酸，老人总是怕耽误年轻人的"正事儿"，而他们又是多么需要和年轻人在一起。

为什么不能陪伴更长时间？专业的理由是45分钟左右的时间，一般老人都会感到疲累，即便老人意犹未尽，也不宜让他们太过兴奋。和饮食一样，情绪也需要节制。

为什么不能结对子、互赠礼物，不能建立长期、深度的连接？志愿者给我讲了许多因"情深"而可能发生的风险，可能是老人方面的，可能是家属方面的，也可能是志愿者方面的。我一下子就理解了——做什么都要把安全放在第一位。

接下来是比陪伴时段还要长的分享会。每个小组复述了陪伴的过程、感悟，小组成员因不同的服务能力、性格特征、经历背景等，观察到了不同的细节，这对于自我认知、沟通能力、观察能力的提升都大有裨益。

我忽然明白了在大兴的培训为什么叫《自我成长》了，也认识到了自己以往那些"做事"的能力在这里毫无用处——不需要做什么，其实也做不成什么，面对生命终极的问题，我们其实是无力的、无用的，所以分析什么？评判什么？定义什么？老人的所需、我们的所能，只是在一起，共度45分钟的时光。

我们组的主沟通是从"唱京剧"这样一个小切口打开了老人的话匣子，另一个小组说他们陪伴的老人不愿意说话，就下了两盘棋；还有陪着老人看了45分钟电视广告的，老人最感兴趣的是保健品广告……

这种志愿服务和居家陪伴自己的亲人，本质是不同的。它不基于亲密的日常和解决现实问题，而是一个标准化的社会性精神服务产品。这个服务不是单向的供给，而是志愿者与老人、养老院里的护工、志愿者与志愿者共建了一个场，通过"能量的流动"形成各自的体验。在各种采访中，我看到方树功多次说："这种陪伴真不是让你用业余时间来做个好事，而是老年人在用他们的生命帮助我们成长。"

服务的当天下午，我收到了一份调查问卷，有14道题需要回答，前几道是姓名、性别、手机号码、服务日期、服务领队小组成员、服务地点以及老人的基本情况。从第10道题起开始记录整个服务的过程以及服务的感悟，我填的是："陪伴，不仅是聊天；做事追求效率，陪伴则需要静心；每个生命都需要为之喝彩。"

最后一道是让大家提改进建议。我建议让志愿者戴手表、表盘向上，这样看时间不容易被老人察觉。在18项规范里，有一项是陪伴老人时不可以接听电话、不可以看微信等，但陪伴又是限时的，现在大多数人都不戴表，所以只能看手机。

这种收集改进意见的方式，是大家帮助大家的好方法，能够让流程不断优化，而不是僵化执行。

在"陪伴生命"小程序上有十方缘的实时数据：全国机构总数412个、全国义工总数42901人、服务老人146034人次（2024年9月7日数据）。

我的这次服务无论从哪个角度看都不会计入其中：一是只参加了培训而没有进入义工体系；二是我只是见习生；三是参与的不是十方缘组织的"自营服务"；四是报告不上传到十方缘的"陪伴生命"小程序中。初步估算，十方缘在全国培训总人数已超过百万名。

十方缘是一个体系完备的平台组织，包括中国生命关怀协会心灵呵护工作委员会（简称"心工委"）、中国公益研究院生命关怀研究中心和北京十方缘公益基金会，412个分布在26个省区4个直辖市175个城市277个区县的中心、小组和项目共同构筑起一个老人心灵呵护服务网络。

十方缘有一套非常完整的使命、愿景、价值观——

使命：用爱与陪伴为生命服务；

愿景：陪伴生命，喜悦成长；

价值观：每一个生命都是需要被看见的，每一个生命都是需要被尊重的，每一个生命都是需要被呵护的，所以我们不分析、不评判、不下定义，就是爱与陪伴。

最让我感到意外的是，这个公益组织居然还通过了国际ISO9001质量体系认证，为"老人心灵呵护服务行业"制定了一套团队标准。

当我了解到十方缘的创始人方树功老师曾经在联想工作过，这一切似乎也就不那么让人感到意外了。

方树功在联想的时间是1998年至2002年，前三年在广东惠州联想厂工作，最后一年调到北京总部质量管理部，那正值联想"贸工技"战略推进到自建工厂、开展规模制造的阶段。

作为一个纯文科生，我就是在那个时期接受了"一切皆可量化""回答要说Yes/No"的基础职业教育。那种骨子里对标准化、精确的要求，从生产线渗透到日常工作的每一个环节。和我们合作的供应商，经常说"联想人太事儿"，就是指做事抠得细、过于严谨认真。正是电脑产业精益制造的需求，带动了模具、注塑、材料、电池、电路板、显示屏等一众配套产业的发展，让中国制造从原本劳动力密集、附加值低的服装、文具、箱包、家具等提升到电子制造，进而才会有"中国智造"。这让整体中国消费电子行业迅速赶超日本、韩国、中国台湾等，为今天中国的智能手机、光伏、半导体、新能源汽车等新兴产业的崛起奠定了良好的基础。

然而，一个以爱心、情怀为主的公益组织如何能通过ISO9001认证？我是带着这个疑问去见方树功的。

从北到南找到十方缘的办公室可是真不容易，它位于大兴区兴华大街的一座商住两用楼内，走到三层我还以为自己找错了——门上写着"阿姨来了"。这不是一个家政公司吗？绕过地面上的水渍继续走几步，才看到"北京十方缘公益基金会"的牌子，右侧挂着的是"中国生命关怀协会心灵呵护工作委员会"。

门虚掩着，进去是一组十字形的工位，整整齐齐，但被各种文件、奖牌塞得满满当当。三位女士在办公，听闻我来找方老师，其中一位大姐示意我上楼梯，原来还有个搭出来的小二层。

"哎呀哎呀！欢迎欢迎。"狭窄的楼梯上传来一个男声，我抬头看到方老师满是笑意的脸，和报道中的形象相比更显年轻和儒雅。他戴着副眼镜，清清爽爽、温温软软，某个角度竟有些像柳传志。

坐下来，喝了一口茶，我就很直接地问方老师："那么多关于您的报道里，怎么从来没有提到您在联想工作过啊？"

方老师的回答更直接："我可一直说我是联想人，联想对我的影响可大了，我讲过很多联想的事情，但他们最后不知道为什么都给删了。"

"可能是觉得和公益不相关吧，或者是觉得不能给企业做广告。"我笑着说。

"有可能，我说得太广告了。"两个素不相识的前联想人开怀一笑，就算认识了。

方树功，祖籍上海，1967年生人，典型的理工男，从小被教育着"要搞四个现代化，科技救国"。从哈尔滨工业大学电子机械专业毕业后，他被分配到了航天部，参与载人航天飞机工程。工作几年后，方树功发现我们搞科研的瓶颈不在技术突破的那些点上，中国人的聪明才智绝对够用，而是很多工艺细节跟不上，有些东西能想到但就是做不出来。

这让他很苦恼。思来想去，他找到的原因是："我们的管理模式落后了。"那么，中国企业管理哪家强呢？

1998年的联想，恰是民族工业的一面旗帜。柳总把联想的核心竞争力之一定位在管理创新上，将欧美先进的管理理念和中国的国情相结合，先后借鉴过中国香港以及日本的管理模式，如生产上的5S、仓库管理的6S，等等。联想电脑公司早在1996年就通过了硬件制造和软件开发ISO9001质量体系认证。

看到这些宣传，方树功很是敬佩，和那个时期的很多人一样，他辞职，选择了联想。

在惠阳的工厂里，他就是一个基层管理者，下过车间，当过包装组长，还做过流水线的拉长。

联想会奖励绩效优异的员工出国，这在当年是很大的福利。绝大多数人去旅游，而方树功选择了去德国工厂考察。

"人家用的元器件和我们一样，但最终生产出来的产品品质就是比我们好，我一直非常不理解。"这次考察中，他就想让人家把机壳打开给他看看，对方同意了。但机器需要放置到桌子上，于是经理通知工人开了一台升降机过来。"他们把台式电脑先放到升降机上，然后再升到桌子上。我真是纳闷，为什么要这么麻烦？直接抱到桌子上不是一样吗？经理和工人异口同声地说不行，因为有明确的规定，超过一定高度就必须用升降机。"

德国人对操作规范的严谨性震撼了年轻的方树功，他感慨万千："就是一个个看似差不多的细节形成了最终的差异。"

2000年，方树功和当时管生产的副总裁刘秀稳以及其他几位同事一起被联想派去参加六西格玛的培训。"学习了将近一年，我都快接近黑带了。那套培训体系真的很复杂，理论和实践相结合，让我受益终身。"

六西格玛是一种改善企业质量流程管理的技术，在中国制造业从优秀走向卓越的过程中备受推崇。西格玛英文是"sigma"，其实是希腊字母"σ"，在统计学上用来表示总体中的个体离均值的偏离程度，σ值越大，缺陷或错误就越多。

6σ则是一个理想的目标，意味着在所有的过程和结果中要有99.99966%是无缺陷的，这在商业管理中是性价比最为合适的，也几乎达到了人类行为的极限，堪称零缺陷的完美商业追求。

"用六西格玛来检视缺陷，犹如在阳光下看灰尘，它散布于企业的各个角落。依据这些发现来改善，会涉及组织里的每一个人。"方树功总结自己在职场的收获，"在航天系统里，我学到的是实用性；在联想更多的就是严谨性，以及人人都是发动机的文化。激发每一个人的活力，这对于公益组织来讲尤其重要。"

公益组织和商业企业，可是完全不一样的。

热衷公益的人都是怀抱着"让世界更美好"的极高热忱，使命、愿景、大目标一致。但志愿者、义工来自社会的方方面面，背景经历不同，动机不同，各有各的小目标，3分钟热度的大有人在，甚至还有极个别人相对偏执。没有强契约关系，没有劳动合同约束，没有物质激励，全是付出，行动如何规范？流程如何管理？组织行为如何协调一致？我产生了进一步的疑惑。

"您做公益的缘起是什么？您信佛或其他什么吗？"

我特意查了一下，"十方"是佛教用语，指十大方向，即上天、下地、东、西、南、北、生门、死位、过去、未来。"缘"喻为命运纠缠的丝线，人与人、人与自然之间皆因缘分联系。

"我先明确一下，我自己目前为止并没有任何宗教信仰，我是个无党派人士。起这个名字，我只是想做事情需要集结各方面的力量，十方缘分。"

"其实做公益的人，很多是没有什么缘起的，可能就是天赋的使命。"

"我的触发点，说来可能你不相信。2002年，我看到媒体报道一家养老院发生了火灾，有老人因此丧生。我天生听不得这种事，而且根据我建厂的经验，我也不能理解怎么会跑不出来？没有消防通道吗？"

一般人看到这样的社会新闻，会悲伤、感慨、气愤，但方树功直接跑去实地调查了——那是一家民办的养老院，租的简易筒子楼，根本就没有适老设计，没通道、没消防设施。

"养老这个行业太不规范了，如果不治理，还会出问题的。"

"我能做些什么？"方树功开始念念不忘。但那时年轻，周围的同事、朋友似乎无人关注这个问题。

"有一天，政府部门到联想调研质量管理方面的工作，我负责接待。就在联想新大厦三层的吸烟室里，我们无意中聊到这个话题，他提到国家正准备制定养老院的标准。我忽然感到，原来不是只有我在想这个问题啊。"

几个月之后，方树功从联想辞职，他要去建养老院。

"最初，我是和清华大学等几所高校的老师合作，走访各地的养老院，参与制定养老院建筑结构的标准，并把它推广开来。"

"在这个过程中，我又发现了新问题，建成的养老院只有硬件，没有软件，和希望小学只有教室没有老师一样，是无法运营的。"

2006年，方树功接触到一起案件。某家养老院中，因护理人员缺乏常识，把洗澡水的温度调得过高，灼伤了末期老人本就脆弱的皮肤，导致老人感染并发症，最终死亡。那家养老院也因此倒闭。

恰好那一年在一次研讨会上，方树功遇到了联合国老人护理研究所所长特罗伊斯（Troisi）教授，他才知道护理员是个需要经过专业培训的职业。而那时国内的养老院根本没有这个概念，招的都是普通的保姆、护工。

"当时香港汇丰银行愿意给护理员提供免费培训，结果养老院的管理人员觉得培训后护理员要涨工资、会跳槽；护理员是觉得培训花时间、耽误赚钱；双方都不愿配合。"

方树功特别能理解这些来自社会底层的护理员。"我在联想工厂时，20世纪90年代末的广深正是改革开放的热土，许多农民工晚上加班到十一二点，累得不行。考虑到员工健康，也是为了生产安全、做好质控，联想当时强制让工人休息，就有工人来找我求加班，他们就是想要多赚些钱。"

护理员培训项目，方树功坚持了两年，一边给护理员误工费，一边给养老院补贴。这个状况一直到2009年才有了质的进步，几经调整，2019年得以彻底解决。这一年国务院印发了《关于推进养老服务发展的意见》，引导养老护理员队伍迈向专业化；人力资源和社会保障部、民政部联合印发了《关于颁布养老护理员国家职业技能标准的通知》。"从此，养老护理员正式成为需要持证上岗的职业，国家要考核、要年检，培训费用由财政进行补贴。"

社会向善的过程中，政府、大企业和公益组织一直是三股交织在一起的力量。

离开联想后的方树功持续关注老年人的问题。"我越来越多地思考'人''生命'这些大词背后的意义。在联想，我管的是工厂、是硬件产品，现在面对的是一个个活生生的、有需求、有困难的人。一个国家的富强，不仅体现在科技上、产品上，更多的应该是每一个人内心的幸福感、安定感。"

"中国是个讲孝道的国家。老人安则家庭安，家庭安则社会安，社会安则国家安。"

说着说着，方老师就打开了十方缘的介绍，PPT第一页的标题是《陪伴的力量》，3张照片讲述了3个发生在2010年的故事。

"几乎在所有的场合里，我都会讲这3位老人给我的启迪。真正确定做十方缘应该就是从这时候开始的，我认识到，陪伴老人的过程是对自己的生命教育。"

那一年，方树功43岁。"感觉上天给了我一次重新审题的机会，我要去做生命教育，它的形式是献爱心、陪老人，目的则是让更多的人感受生命的意义。"

方树功的这个想法，首先得到了父母的支持。两位老人都是搞军工的，当年从大上海去了陕西宝鸡参加三线建设。

"老天对我是厚爱的，从哈工大分配到北京，在航天部分了套房。后来为了孩子上学我又买了套房子,这得感谢当时在联想的收入还不错。"

"再后来父母退休了,想有个能种地的地方,我就在大兴买了个小别墅。当时房价每平方米 8000 多元,现在好几万元了。我尽了孝,房子还增值了。"

"现在老人岁数大了、种不了地了,加之要考虑就近医疗,就又搬回了城区,这样我们也便于照顾。"

"我媳妇是大学同班同学,一直在航天系统工作,现在是研究员了。她对我干这事儿,不反对也不支持,这就很好了,是吧?"提到亲近的人,方老师腼腆地笑了,"这些年要是奔着挣钱,机会多多啊,她从来没要求过我什么。"

2011 年,方树功和他的朋友共 10 人决定做一个项目——用 3 个月的时间陪伴 100 位老人。只要有养老院提出需求,他们就开车过去。有时候时间很急,有的养老院路途偏远,还有老人临时又不肯接受陪伴了、白跑一趟,什么情况都遇到过。

方树功陪伴过很高级别的领导、亿万富翁、高级知识分子,也服务过香山脚下的五保户,"在我眼中都是一样的人,是滋养我、给予我生命能量的人"。

陪伴过这 100 位老人之后,方树功明显感到他们 10 个人在日常工作、家庭中遇到的种种问题似乎都迎刃而解了。"这不是简单意义上的善有善报,而是站在生命的视角、站在哲学的层面,一个人看问题的角度、高度发生了变化,许多事情都不再是事情了。"

最初的10个人陆续把亲朋好友介绍到这个项目里，志愿者队伍很快就发展到两三百人了，这时候方树功开始考虑是否要成立一个组织。

虽然和大部分志愿者一样，他也感觉自发、自由更自在，就像十方缘提倡的那样，"在就好、做就好、爱就好"。但全国有4000多万名重症、临终的老人，"以当时十方缘的服务能力，我算了算，干1万年也干不过来"。如何能提高效率，让更多的老人得到陪伴？也让更多的爱心人士从陪伴中受益？方树功认为应该建立一个组织，连接方方面面的资源——这就是十方缘。

2012年1月10日，十方缘作为民政局直管的民办非企业单位正式成立了。在公益、养老的领域里细分出"老人心灵呵护"这一门类，算是行业里的第一家。

从大类上，老人心灵呵护归于安宁疗护体系，大多数人会称之为临终关怀。

安宁疗护是个复杂的体系，分为医疗护理（姑息治疗）、生活护理、社会支持系统、心理慰藉以及人文关怀（心灵呵护）5个方面。方树功就一直想让"心灵呵护师"成为一种职业，但这个归类的难度很大，它既非医学也非心理学，国际上可参考的先例不多，且需要结合中国社会的实际情况制定新的标准、建立新的学科。

"有的事是理论指导实践，有的则是实践催化理论。"一位高人这样指点方树功。

"所以十方缘格外注重行动，以行为、数量推动参与者、组织者认知上的提升。"方树功决定从义工培训入手，先做起来，在发展中迭代，到现在就是我之前体验的培训和志愿服务。

在方老师的办公室，我看到许多纸质、手填的问卷。十方缘完整的标准化操作流程，要求将每一次陪伴的关键点都记录留痕，让我惊叹不已。"这属于史前文明，是数字时代之前的宝贵数据，绝大多数的企业都做不到这个程度。"方老师的感慨则是："现在有了App、小程序，数字留痕，真是方便太多了。"

2018年有关部门到十方缘调研，当时它在全国已经发展到36个组织了。这次调研的结果，让十方缘在公益圈里出了名。"我们这么个完全免费、没有专职人员的组织，在长达6年多的时间里，全国各地、每一位志愿者的每一次服务都有完整的记录。"

"求真务实"是联想企业文化中重要的一条。好的组织都一样，从实践到理论，从方法到工具，唯有这样扎扎实实的工作，才能让人产生信任与尊敬。

目前十方缘的义工体系分为五个等级，一星义工至少要参加过一整天的培训和一次实践服务，认同、理解十方缘"爱与陪伴"的定义，知道十大技术和服务流程；二星则至少要完成12次服务；三星是24次以上。

"把生命呵护当成一种生活方式，践行而且能传承、发展，这样的义工才能是四星领队和五星培训师。"

目前十方缘培训出来的绝大部分义工，所做的都是在社区、养老院里的基础陪伴。真正进入医院、临终关怀病房的比例并不高。有些甚至没有走向社会，而是像我一样试图用于家庭中陪护自己家的老人。

像亲子课堂培训年轻的父母、亲密关系的建立与维系有许多指导一样，爱是本能，但陪伴、运营、改善则是学问，要承认其专业性。

"其实最难陪伴的是自己的父母。比自己父母更难陪伴的是自己，独处、觉察自己是最难的。"这样讲话的方树功像个哲学家。

"我们对义工的要求首先是呵护好自己的身心，十方缘所做的绝不仅是助老，更重要的是一个自我疗愈的过程。在'老人安则家庭安，家庭安则社会安，社会安则国家安'之前，我加了一句'自心安则老人安'。先有一个稳定平和的自己，才能关照爱人、孩子、父母，之后是亲朋好友、义工伙伴，这些都好了，才可能陪伴好老人、服务社会。"

"人得先活自己，再谈助人之心。"

十方缘的社会意义首先在于培训了海量志愿者，奠定了金字塔的塔基。

方树功说："我从没想过做大做强，我只是按需而做，现在这个需求量越来越大。和企业管理不同，我们这个组织是无为而治的，只是做，而没有任何限制。"

免费接受了培训的人，是否会参与志愿服务、参与多少次，完全是自主的事情。方树功说他不关心所谓的流失率："我们更像一个生态，需要每个参与者的奉献，大家共同遵守的生态法则就是爱，也只有爱。"

"我的本质就是想建立起联想那种'人人都是发动机'的文化，方法可以有很多。"

十方缘一路走一路迭代适合自己的管理理论和技术工具。

他尝试过稻盛和夫的"阿米巴经营模式"，将十方缘划分为多个小单元，即"阿米巴"，让每个阿米巴都有自己的领导核心，这些领导核心负责制订目标和计划，并依靠团队成员的智慧和努力来实现这些目标。这是早期去中心化的做法，让第一线的每一位员工都能成为主角，主动参与运营。"我看中阿米巴模式对员工的信任和尊重，通过赋权管理，激发员工的积极性和企业家精神。"

他也研究过目标与关键成果法（OKR），这个在谷歌、Facebook、领英等公司广泛使用的工具，在 2015 年前后传到中国，被字节跳动、华为等大厂热捧。

"一切都是为了让十方缘在具有规模优势的同时，具备足够的灵活性。毕竟每个城市、每个项目、每个小组的情况都不一样。十方缘在全国现有 400 多家组织，各种形式都有。有的在当地民政系统注册，有的则是商业公司里的公益项目，机制很灵活、要求很严格。"

"老人心灵呵护的需求是刚需，我们这个社会也不缺乏有爱心、愿意做事的人。大家只要使命、愿景、价值观是一致的，都可以成为会员单位。"

"十方缘的很多组织都是在三四线城市，甚至是农村。义工来自各行各业，工作习惯和IT从业人员不一样，格外需要做好基础的数据统计。"

方树功把他从实践中来的数据，不断放入先进的管理模型，不断迭代以应对遭遇的各种新问题，他下的是最朴拙的功夫。

"十方缘年年都有新挑战，也都有自我超越。2011年算是自我挑战，2012年是团队作战，去养老院做服务，开始做一些义工培训的工作，是对一个组织的挑战。2013年义工人数多了以后，养老院就会问你们有什么标准、有什么方法。我们就开始确立标准、方法。"

2008年奥运会，一种运动员训练用的仪器——"快乐芯"牌心理测试仪，给了方树功很大的启发。这种测试仪通过传感器测试人的心理状态，看你抑不抑郁、放不放松，然后量化出一个情绪指数。"这太适合我那一切皆要量化的思维了。"

"当时我的车后备厢里全是仪器设备，有能进行音乐疗愈的各种音箱、乐器，还有能拍打的各种槌子、能拉筋的床……有画册、画架、纸笔，因为绘画也是一种疗愈……还有芳香疗愈的各种精油、瓶瓶罐罐……还有特殊的风扇，让老人有在海边、风吹过面庞的感觉……我就是要找到那些实效性强、易用性强、能标准化、宜于普及的产品。"

"我这个理工男就是要把任何问题都先变成物理模型，再转换成数学问题，形成管理模型，最终解决问题。"

"这些年，我们几乎收集、研究遍了全世界与心灵呵护技术有关的方法，针对其中的480多种逐一试验，从中筛选出了108种比较实用的方法。现在的十方缘十大技术就是在这个基础上提炼出来的。"

"最重要的就是实践，你看我们这些标准、规范，它不可能是一个人、几个人编出来的，而是千万名志愿者通过千万次服务复盘、整理出来的。"

方树功随手给我拿过来几本书：《十方缘老人心灵呵护团队标准》《老人心灵呵护理论与实务》《志愿活动指导》《老人心灵呵护服务守则18条》等，还有服务老人时用到的歌本等。"柳总那会儿常说'不能光掰棒子、还要理棒子'，我们整理出来，还要发行出去、让大家真正用起来。"

"这些书，已印发了几十种、二三百万册。我们还拍了不少视频，都是志愿者来讲这些技术、方法。"

2014年，是十方缘的大年。前前后后历经一年多的时间，北京十方缘老人心灵呵护中心申请国际ISO9001质量体系认证终于获得通过。

ISO9001质量体系认证机构是经过国家认可的权威机

构，为确保产品合格率，审核企业是否按照国际标准化进行品质管理。

为一个公益组织提交申报，方树功和十几位义工伙伴做了大量的案头工作，梳理出了《老人心灵呵护服务流程》。遵照这个流程，专业的心灵呵护师工作一天有100多个可考量的节点。他们还按时间顺序整理了《养老院服务的一天》，对于执行团队，制定了相应的做事原则、方法和文化。

公益组织做这个，十方缘是第一家。

2015年，十方缘在全国已经发展了3家组织，再扩大就需要募款了。当时流行众筹，方树功在朋友圈里发了一条信息，得到212位爱心人士1人1万元的支持，"十方缘公益基金会"就这样成立了。

有了这个平台，全国的十方缘组织都可以利用它来募集善款。

"需求在那里，爱心的种子有点儿雨露就能发芽。2016年，我们感到培训的工作量明显多了起来，于是又成立了心工委，作为中国生命关怀协会的二级组织，下设老人心灵呵护服务网络，开始在全国范围内展开培训。"

一个很大的变化是年轻人越来越多地参与到公益活动中来了。

"以前，我们的培训都是从服务实践开始，有经验的志愿者带着你去，回来分享、复盘、写案例、归档，这样从一星义工到三星义工，培训少则半年、多则3年。"

"但是针对年轻人和普通大众的需求，这样的进度根本无法满足。2017年，短视频很成熟了，我们又众筹拍摄了10部小短片，开展网上视频培训，帮助大家快速入门。"

"但是，"方老师强调说，"十方缘注重在实践中实现自我成长，从来没有变。"

2016年、2017年，中国生命关怀协会心灵呵护工作委员会还举办过两届"老人心灵呵护高峰论坛"，一个以老人心灵呵护为核心的行业生态初步显现。各方坐在一起交流，形成了50篇中英文论文。

此后的十方缘开始探索为养老行业、家政行业、医疗行业进行技术赋能。

"这三大行业和老人是最相关的，从各自发展的角度也有许多的实践与思考。现在最大的问题是老龄化的速度太快了，4000多万名老人，在养老院和医院的只有3%，也就是说97%的居家老人是十方缘覆盖不到的。"

"我们把握了一个机会，让十方缘的《爱与陪伴一堂课》进入学校，小学、中学、大学，全国各地，从2019年开始举办了4000多场培训。我们的孩子也需要生命教育，而对于中国老人而言，孙辈的陪伴最为重要。"

2020年，民政部提出要让城市90%的老人享受到心理慰藉、心灵呵护服务。《人民日报》、新华社、中央广播电视总台对十方缘进行了报道，方老师还给全国两会提案提供过资料。

《流动的生命》一书在2021年出版。这是50位志愿者（包括方树功）写的陪伴老人的故事。"不仅是温暖的故事，更主要的是讲述了陪伴背后涉及的方法和技术。"

当时正值新冠疫情肆虐，一向低调、只喜欢研究和实践的方树功，开始注重宣传了。"我希望爱与陪伴能够成为一种生活方式，让更多的人关注生命的意义与去向。"

3年疫情推动十方缘开始了新一轮的探索——线上云陪伴。

"把所有能利用的技术平台都先利用起来。"方树功给我展示了微信里"陪伴生命"的小程序，还有在"小鹅通"里创建的"生命关怀学苑"。

云陪伴解决了异地志愿服务的困难，特别是针对农村和海外的老人，同时能更有效地调用志愿者的资源。2020年上线当年，就促成了12276人次的陪伴。

"机器人护理、人工智能，我们现在都有合作伙伴，比如森丽康，一家专注于研发智能养老陪伴机器人的公司，虽然产品还不够成熟，特别是在情感交流方面，但这一领域的快速发展不能忽视。现在它们的产品能够像个小动物一样跟着老人、简单地应答，就能起到一些辅助作用。"

方树功依然保持着IT从业者的敏感，他说："不论是硅基生命还是碳基生命，都要能感受到爱与陪伴的喜悦。"

方树功一直希望"心灵呵护师"也能成为一个职业，同时将"老年呵护"考虑纳入国家长护险报销名录，但要推动国家政策变革并不容易。2021年底，十方缘与中国公益研究院合作，进行这方面的政策研究、寻求可行性方案。2022年得到相关部门的反馈，需要建立一定数量的从业人员和相应的职业标准，于是又一轮课程开发的工作开始了。《老人心灵呵护理论与实务》一书和一大摞报告、分析就是这段时间方树功和他的伙伴们的成果。

生命关怀协会通过网络培训、考试，给1000多人颁发了"生命关怀指导师""心灵呵护师"等证书，而真正要形成行业，这个数量远远不够，学科研究更是任重道远。

2024年，十方缘开始考虑进入家庭。"中国作为文明古国，经历那么多的苦难但生生不息，底层逻辑是什么？就是孝道、家文化，所以十方缘走进家庭是必然的。"

"如果说以前是To B模式，和养老院、医院合作，是第一曲线，这就是第二曲线。"方树功在纸上画着他心中的战略路线图，"To C模式，靠人工一对一上门是不现实的，但通过网络是可以的，要靠人工智能给志愿者赋能。这是完全不同的产品开发逻辑。"

"回首看，一步一个脚印，成果是不少，都是在战略执行中被需求推着走。道路曲曲折折，但只要方向是对的，我就特别相信每一步都算数。"

2024年5月21日，讲述广州十方缘志愿者的电影《最后的，最初的》在全国上映，这是国内首部聚焦"临终关怀"的纪录片。

为了支持方老师，我包了一场，请亲朋好友观看。原以为"临终关怀"这个内容加"纪录片"这个形式，会没有什么人感兴趣，但计划的60人一天内报名就超了，最后换了个更大的场地。

全片近90分钟，舒缓地讲述了几位志愿者经历的生命故事，不太催泪，但让人感慨、引人深思。摘两位朋友的观后感——

原新奥股份总裁郑洪弢感慨道："当我们的父母、亲人走向生命的终点，如何理解他们，陪伴他们，帮助他们，以他们所希望的方式画上这一生圆满的句号？当我们走向这一刻之前，我们又如何做好准备，使得我们从容平静，而不是仓促被动？

"为了生儿育女、谋生和事业，我们上过不少学，读过不少书，花了不少心血，然而面对死亡，这个生命最重大的课题之一，我们却或者回避或者懈怠，没真正花精力去思考，更少行动。

"这部电影展现的生命最后阶段的或困境，或光彩，或无力，或从容，使得我不得不想和动起来，怎么在我父母好好的时候陪伴他们，怎么去做好人，做好事，修好人生的功课。"

著名传记作家范海涛带了4位朋友一起过来看，她一直想写"临终关怀"这个题材。她说："这是我看到的国内第一部关于临终关怀的电影，从一开始的略显平淡到最后对生死命题的慢慢侵入、展开，导演似乎希望用镜头语言，把大家拉入一个幽深无尽的隧道。那里聚集着生命最悲凄，但也是最有力量的探讨。"

生死大课，原来有这么多人都在思考，都有痛点。这个感触，方树功比我早了22年。

在接受培训时，我看到义工们给出的"爱的定义"——爱就是接受和欣赏；爱是信任、担当与陪伴；爱是大慈大悲，大智大慧；爱就是让他成为本来的样子；唯有恩典临在，唯有感恩心生；用身心灵觉察宇宙能量的合一……这些表达千差万别，培训老师汇总说："十方缘是以戒为制度，用爱去管理，靠生命做导航。"

我想，这恰能表达这家公益组织独特的管理逻辑——爱心无限，但行为必须有度、有边界。方树功既有人文情怀又极具科学理性的性格特点，奠定了十方缘"不分析、不评判、不下定义"的底层逻辑。唯有这样才能让"爱与陪伴"这项最为复杂的情致服务安全、标准、高品质、可持续地发展。

回归到我们每个人的日常，老吾老以及人之老，还有我们终将面临的衰老与死亡，"爱与陪伴"真的是一种每个人、每个家庭都需要修习的能力。

生命只有一次，爱要趁早，关怀莫等临终，生命的安宁喜悦应自始至终。

周浩强
研发有意思

3个研发系统的同事向我推荐周浩强。

"他是做主板的专家,"陈文晖说,"早期在QDI,那真是一把好手。""他大约是4年前离开联想的,去了立讯,就是王来春那家公司。他一定是有故事的,人也健谈,中英文俱佳,不那么内向。""国际化以后,需要这样的专门人才,特意把他挖到了全球台式电脑研发部门。"王化冰说,"他深圳、北京、罗利三地跑,除了日本研发都管过,干了很长时间。"最终是袁康帮我跟周浩强打了招呼,他表示可以聊一聊,但主要聊工作、不谈生活。

我是先被"王来春"这个名字吸引了。这位低调的女企业家,是富士康第一代女工,10年打工、自主创业,创立立讯精密,进入苹果供应链,为iPhone、Apple Watch、AirPods、AirPower提供代工,还成为老东家富士康的合作伙伴。2022年，立讯精密还通过股权收购的方式，成为奇瑞控股第三大股东，开始从事新能源汽车ODM整车研发及制造。这位中国最杰出的商界女性之一，她身家百亿不足为奇，奇的是一没学历二没资源三没根基的打工妹，成为全面涉足消费电子、汽车、通信、工业、医疗等业务的科技新贵。

我想着联系到周浩强，先听他讲讲联想外的商界传奇，结果加了微信，一个半月也没聊上，感觉周浩强完全不像同事们介绍的那样处于赋闲状态。好在联想人都靠谱，有微信必回、回晚了必说抱歉。在我的坚持下，某一天他居然主动发过来与联想相关的20年时间线：

2000年，加入联想QDI，任主板工程师；

2003年，随着QDI业务卖给记忆科技，转入记忆科技；

2008年，加入联想商用台式电脑研发中心，负责平台开发；

2009年，在台式电脑研发中心负责系统工程；

2010年，在台式电脑研发中心负责R-MODLE产品开发、产品工程化和产品创新管理；

2011年，晋升为主任工程师；

2012年，负责高端台式电脑及工作站产品开发；

2014年，晋升为首席工程师；

2016年，任全球台式电脑及工作站研发中心负责人；

2018年，任全球显示器及外设产品研发中心负责人；

2020年，离开联想。

最后还有一句补充说明："大概是这样，时间也许有出入，实际比这个多。"我称赞他真细致，他说："联想几乎每年都有调整，这还少写了。"我说："期待您的精彩分享。"他说："研发的人哪来什么精彩故事。"

那一周依然没有聊上，他去香港了。回来后他主动提出了一个视频会面的时间："明天早上9点半？"

第二天，我准时打开摄像头，初次见到这位"老专家"同事的真容。场景让我颇为震惊，阳光耀眼、碧海蓝天的深圳湾步道上，穿着大背心、大短裤和凉鞋的周浩强热情地告诉我："对面就是香港。"

他解释道："好久不锻炼了，咱们就这样聊吧，我边走边聊，下午2点前我都可以，之后要见个朋友。"我满意有这么长的时段，又惊诧于这形式未免过于耗能。"我经常这样，快走已经十几、二十年了，我能这么逛一天城中村，经常一走就是6个小时。走的过程中能独立思考。"

另一个让我惊诧的是他几乎是满头白发，不是1974年生人吗？"我少白头。"他边走边说，镜头那边的画面抖动着。我像是在看直播。

故事从立讯讲起。"2020年离开联想，我加入立讯，大姐想让我做一些新业务的探索工作。我没做好，真的没做好。我是想在立讯的平台上做点儿事的。"

"大姐"是他对王来春总的称呼，透着敬重。我想听他多讲一点立讯和王来春，他说了一些，但并不比我能在网上搜到的信息更多。"大姐很有魅力。我和她近距离相处了3年，工作效率、学习能力真的让人叹为观止。"

"有一次我们听一位博士总经理介绍时，我都没听懂，大姐却能够指出有个细节讲得不对。她的问法是'这里是不是不对？'她真的懂所有的细节，这是她的底层能力。立讯在全世界有三四十个园区，苏州、昆山、合肥、越南、墨西哥等，即便很久没有去过，她见到当地的主管，也能够直接沟通细节。全部都是细节。"

"曾经某个合作方的一个项目试图放弃和立讯合作，但是很快就又找了过来，因为立讯的技术能力和服务就是最好的。"

短短几段信息，我看到了千亿巨头传奇的背后，是中国制造业的战略前瞻、极致精益。

"我刚过了消沉期，2023年离开立讯确实是业务没有做好。"

"我不会给自己找理由，没做好就是没做好。我没有组建好团队，方向选择也有问题，总想重复别人的道路。但是不同的时间，不同的团队能力，不可能重复别人的成功。"

在深圳，周浩强看到许多中国消费电子品牌的新贵，不少智能硬件品牌，在智能充电、智能家居、智能安防、智能语音、智能车载等领域的研发和设计方面都有不俗的表现，有不少专利，出海业务也做得很好。

"技术储备固然重要,顺势而为有时候会更重要。你记得要发布iPhone12时,有传闻说不再送充电头了,一个深圳供应商马上就投入做小型快充,与苹果同步发布。"

"中国智造就是这样,所有东西都需要有一个契机,所有东西都值得重做一遍。平庸时,你要慢慢地、有耐心地,确定一个你认为的机会。"

我很爱听周浩强讲话,确实专业、有料兼有趣。只是他边走边讲,信号不是特别好,再加上说快了我听着吃力的口音,听起来有些费劲。"您是哪里人呀?"

"我是深圳人。"他很骄傲地说。周浩强祖籍广东,父亲是一位军人,很早就在深圳负责香港的供水工程。1984年,周浩强随母亲从农村到了深圳,那时他上小学四年级。

"我本科就读于西安电子科技大学,和柳总同校,还同一个系,都是二系,学习电子工程。柳总是雷达专业,我是自动化专业。研究生到了深圳大学,嗯,和马化腾是校友了,通信与信息工程。"

"别聊生活了,我除了上班没什么爱好。现在就是赋闲的状态,开公司的朋友多,各种帮忙打杂。我是非典型的联想研发,前半段都是做最底层的硬件。去年经历了母亲从生病到去世,工作也确实没取得理想的成效,我就离开了立讯。我没有刻意再找工作,先看看书、学习学习。"

持续高强度工作了23年,又值丁忧,是需要一段时间的缓释。他说:"我觉得和你聊聊也挺好,我就没有回顾过。"

他回顾起 2000 年毕业就加盟了 QDI。

QDI 是联想早年间的一个事业部，主要负责主板的研发、生产和销售，曾经是中国大陆最大的主板供应商之一，销量最高时一度是位列全球前五的主板厂商，曾经在西班牙、德国等国家销量排到前三。

"我刚去的时候，把联想称作北联，原来的联想集团分为北京联想和香港联想。"

周浩强入职的 2000 年，联想发生了一件大事：分拆，联想系的大旗交给了杨元庆，神州系的大旗交给了郭为。联想科技、联想系统集成和联想网络公司从原联想集团剥离出来，组成了神州数码。而杨元庆带领的联想品牌则开始了一路狂飙。2021 年中国大陆的 PC 市场出货量为 5700 万台，其中联想的市场份额高达 39.9%，台式机和笔记本的出货量均为第一。联想电脑业务在产业腾飞中领跑，QDI 主板业务也处于高速发展期，推出了多款具有创新技术的产品，例如采用了 Intel i815EP 芯片组的 SX2EP 主板，还有免跳线自动识别 CPU 技术的 SpeedEasy，以及可以自定义开机画面的 LogoEasy 功能，是那个年头不多见的、能在全球占有一席之地的中国产高科技部件。

当时电脑的 DIY（自己动手做）是一块很大的市场，大家都在攒机器，中关村在攒，华强北也在攒。"对发烧友来讲，DIY 更省钱、性能更好，价格差还是非常大的，而且自己动手更有成就感。"

"台式电脑嘛，就是一个机箱包块主板，还有显卡，配上电源、内存、散热……"

专家说得简单，台式电脑还有CPU、内存、硬盘、风扇、显示器、键盘、鼠标……然而主板，又叫主机板、中心电路板，确实是计算机系统中最重要的组件，它为计算机内的所有其他硬件组件——CPU、内存、硬盘、显卡等提供了一个平台，将它们连接在一起，为它们供电，主板上的电路设计协调不同硬件组件之间进行数据交换和通信。主板上通常还会有多个扩展插槽，用于安装独立显卡、网络卡等额外的硬件。

主板的设计和质量直接影响到整个计算机系统的性能，以及是否稳定、可靠，是否可以扩展、升级。

"虽然当时我们是联想下面的一个事业部，但QDI一直是把联想当客户的，内部客户也是客户。"

随着国内品牌机市场的快速发展，DIY的市场掉得厉害，QDI后来的消费业务就被砍掉了，主攻大客户。当然最主要的客户就是联想，后来方正、同方、长城、TCL这些国内企业也成了QDI的客户。

基于战略考虑和市场变化，QDI在2003年被卖给了记忆科技。"我就这样也跟着业务被卖了出去，负责硬件设计团队。"

记忆科技是一家主业做内存和存储的公司，是业内响当当的存在。就是在记忆科技期间，周浩强在技术上声誉渐起。

"那时我经常跑北京联想，既谈业务，也做技术支持。整机厂商的研发主要是做系统，他们很好学，什么细节都想了解，但又没有足够资源和精力触达这么底层的设计细节。这方面我倒是有些信息差的优势。"

"另外很重要的一点是，当时的台系厂商对联想是有保留的，而我是毫无保留的，我所了解的技术细节对北联的同事是毫无保留的。而且，我那时不管你用的是谁家的主板，即便不是QDI的，不论你是精英的还是微星的，出了问题找到我，我都会全心全意地去解决，从不会拒绝。"

"曾经有一次，刚国际化的时候，富士康有一批主板出现了问题，1000片中总有那么一片两片开机无显，搞了很长时间都无解。我那个时候还在记忆科技，化冰给我打了个电话，问我要不要来现场看看。我过去后，拿着别家设计的原理图看了半天，然后去找富士康的设计，我问他们这几个电容为什么不加上去？有五六个小米粒大小的东西，加起来不到指甲盖大小。他很坚决地回复我：'不需要这个，我们测过没问题。'后来我就做了一个逆向测试，把这个故障抓了出来，但他们还是不肯改。后来还是化冰给那个团队的老板打了电话，甲方说必须按我的意见改做四五千片，这四五千片经过反复测试，果然就再没有问题了。所以，不管是原来联想的人还是业务上有合作的，都比较认我这几点，我在技术上沟通比较直接，技术分享没有保留。"

2007年，记忆科技主动放弃了主板的业务，周浩强分析其中的原因大概是"做主板比做内存可是要费劲儿多了"。

"失去这个团队是非常可惜的，这是一支很可贵的团队，它是中国较早、较完整做最底层复杂电路的团队，技术是强的。"

QDI停止做主板后，周浩强一直在做收尾的工作，几乎是最后一个走的人。而此时，联想台式电脑研发中心在国际化的过程中，正是求贤若渴。周浩强的回归，自然而然，顺理成章。

"我觉得我的职业生涯一直比较顺，这跟早年在技术方面积累的声誉不无关系。"周浩强叙述的语气很淡然，他边走边擦汗，从容、自信、绝不谦虚。"人的信用是靠累积出来的，不是靠一时表现出来的。"

"一个人有一个人的特性和长板，我就是喜欢琢磨产品。但是，我这个人的情商比较低，就是被同事们笑话为'老板夹菜你转桌'的那种。"

周浩强说"但是"以后，接连讲了好几个段子。其中一个是："有一个财年，新换了一个老板，第一次做staff meeting（一种内部沟通会议，由上级和直接汇报给他的人一起开），我居然没有去会议室现场开。我一直在实验室里面鼓捣，到点儿了我就在实验室里打开了视频。别人都去了，就我一个人是在实验室里拨号上去的。"说到此处，手机那头传来周浩强的一阵尬笑:"后来有人告诉我,老板可生气了。"

"我曾经是汇报给老贾(贾朝辉)的,确实那一整年我也没有主动去找他 one-on-one(上下级一对一面谈)过一次。别人都是一个月一次,我一年下来都没去。"

"现在回想起来,这确实是我职业生涯里的一个大问题,完全不是要炫耀,而是我一直在反思。作为一个中层管理者,对上和对下的沟通都很重要,只有沟通清楚,方向和目标一致,才能确保团队高效运作,达成预期成果。"

周浩强就是那种骨子里对底层技术特别膜拜的人,不长于和人打交道。

"联想是个很不错的公司,在联想的经历让我很受益,联想也能够成就更多的事情,我非常珍视这段经历。现在回想起来,联想的文化和组织形式还是很了不起的,不用哈着领导,有好的想法,有很强的团队支持,就能做成一些事情。想想,这是我的幸运。"

"离开联想之后,才感受到团队的重要。年纪越大,越发现这是个问题。年轻时,你可以加班加点地去做事,亲力亲为,自己动手总感觉比别人做得好,而且快。但现在就不可能了,神经元数量减少那是必然的,但其实你有了更宽的视野,本可以做更大、更远的事情,你只是需要有人帮你。"

"我经常思考未来身体状况不允许了,要如何延续自己的职业生涯?其实脑子坏掉之前总是要不停转的,需要把人脑里存储的信息喂给人工智能、喂给年轻人。以什么方式？最好的方式就是一起做事。"

我觉得周浩强考虑的这一点很有意义，关乎长寿时代如何进行代际传承与协同，不跟年轻人抢饭吃、人机协同，让自己持续有价值。但他对自己的反思则可能过于严苛了，实际上，在联想工作期间，周浩强不仅是技术、人品，管理方面的口碑也是相当好的。

台式电脑的研发是一个复杂的过程，涉及多个关键点，从前期的市场调研，了解目标用户的需求、市场趋势和竞争对手的产品特性开始，到需求分析，确定产品的功能、性能和用户体验。

作为硬件设计方面的专家，周浩强要带领团队根据性能需求，选择合适的CPU，设计主板以适配选定的CPU和其他硬件，包括配置内存、选择硬盘、选择显卡和电源、设计散热方案等。

此外，还有软件，操作系统、驱动程序、用户界面和交互逻辑。之后将所有硬件和软件组件集成到一个系统中，并进行调试、性能测试和优化，还要做安全性、稳定性、可靠性测试，考虑未来可能的升级需求——针对商业客户，可扩展性是一个非常重要的指标。

面向市场的产品，还要符合所有相关的行业标准、不同地区的法规要求，既要考虑环境、环保因素，又要考虑零部件的采购、后续维护升级，以及对于一个市场化企业来讲非常非常重要的成本控制——没有价格竞争力就没有市场，没有利润企业经营就无以为继。

一个产品定型、定义、定价后，还要在上市前准备好完善的售后服务体系、制定市场推广的策略，包括渠道、促销活动和广告宣传。

以上种种，都不是一个人、一支团队、一家企业能够完成的。

企业里的研发人员要做的不仅仅是研发，他们需要跨学科合作——工程师、设计师和技术支持、营销人员共同努力，才能把一个产品从概念变成客户可选用的一件商品。联想台式电脑能够持续领先，研发功不可没。

"2009年以后，我开始尝试做PC以外的产品。当时特别想做一个会议系统，因为总是开会。联想的研发体系本身是'全球金三角'，而我又常驻深圳的研发中心，出差实在是太多了。如果线上会议也能有线下沟通的效率和交互，那该有多好啊！"

联想研发金三角分别位于中国北京、日本大和以及美国罗利，北研拥有强大的研发团队和创新能力，日本大和研发中心则以精益求精的工艺和设计著称，而罗利是原来IBM PC研发的大本营，在战略性技术创新和架构设计方面能力突出，不同的特色和优势形成了协同互补的全球研发布局。

而周浩强所在的深圳研发中心，在中国改革开放最前沿的城市，联想扎根于此已有30多年。深圳这块热土上成长起来了腾讯、华为、大疆、比亚迪等一大批高新技术企业，还有年交易额约2000亿元的"中国电子第一街"华强北，"一米柜台"是深圳梦的符号。

作为一个深圳人，周浩强从未想过要离开这里去北京，更不会去美国。深圳让他看到丰富、鲜活、灵动的海量应用需求。

"那时，我们做了一个明星产品，叫Tiny，号称业界最小的商用台式机。这产品算是比较成功的，现在一年应该能卖200多万台了吧。"

"那段时间一直想着怎么扩展Tiny的应用，其中一个就是做会议系统。"

"记得一次出差去美国，在飞机上睡不着，拿起笔开始画，画出想象中的基于Tiny的一个会议终端的图，越看越喜欢。一落地美国，我就碰到营销的同事谢默斯——一个中文说得很溜的马来西亚哥们儿。我迫不及待地把图给他看，唾沫横飞地讲着这产品如何如何。谢默斯当时的反馈给了我很大的鼓励，他还拉着我去问了几个美国同事的意见。"

"回到国内，团队也特别给力，纸板模型、3D打印、working sample（可工作的样品），很快就做出原型了。这个项目成为我们第一个会议终端产品——ThinkSmart Hub 500，现在已经发展成了一个小业务单元了。"

灵感的偶然，皆来自日思夜想的创新。周浩强在负责台式电脑的阶段，扩展了做主板时的思路，把主机作为一个平台去思考。他一直沿着这条线寻求创新和突破。

"基于Tiny，我们还有另外一个迭代方向，就是做类似工控的应用，开拓新的使用场景。我记得那时前端的人告诉我，说在澳大利亚有城市的警察局，因为Tiny足够小，他们就把电脑直接安装在警车上。"

"当时中国区有个商机，上海有家公司要做那种自动贩卖机，找联想买工作站。但谈下来发现工作站对于他们来说实在是太贵了，而这个小家伙只要稍作改进其实从算力上看是足够的。于是我们就在这个基础上跟他们合作，很快就把原型机做出来了。"

"当然，随着算法的改进和自动贩卖机的大量普及，PC以外还有更便宜、简单的选择，这个客户也就是早期开发和试运行阶段用了一些Tiny，上量后就改用其他方案了。但对于当时的情况，这是一个很好的探索和尝试，挺好玩的。"

好玩、有趣、非常有意思，是周浩强的高频词。

"2008年回到联想，我一直在化冰手下，他给了我相对的独立性，只要把既定的任务交付好，就没有太多的约束。我尝试过好多好玩的，也能获得端到端的资源支持。我喜欢那种氛围，研发人员特别敢说话、能说话，各条线上专业化工程师的声音可以被听到。"

那是国际化之初，周浩强当时面临的难题是如何让美国、日本的同事认可中国研发团队的技术水平，以及如何赢得他们的信任与尊重，避免来来回回的无效沟通。

"建立信任关系其实也没那么难,先要理解对方、尊重对方。"

"要知道人家的优势,人家是有心理优越感的,毕竟电脑都是人家发明的嘛。"

"有一年,我汇报给一个美国 VP。他第一次和我做 one-on-one 时,似乎有些不屑。我就给他讲去年做了哪些研发工作,今年哪些要开始产品化,明年什么要量产。等我讲完之后,他的认知变了,态度自然也就不一样了。他甚至理解到了我们在哪些方面做得比日本团队好。你上来要和他好好讲,用研发的语言、研发的思路。"

"我那段时间还有一个观察。老美他们刚被并购过来,内心是有天然的傲慢、不服,同时这些人其实也挺怕的,他们听说的中国人都是弯弯绕的,所以他们那会儿不管是写邮件还是开会,都会先给你绕一大堆圈子。其实我们联想人早就完成了职业化训练,已经很直接了,我们工作起来肯定是不来虚的,都是一二三点、是什么、为什么,我们认为我们已经很直接了,老外同事还在猜你。"

"欧美团队、日本团队里都有一些五六十岁,在企业里打拼 30 年的老资格,人家看我们是一群'小 P 孩儿'也正常啊。你再端着拿着、交流时含含糊糊讲不清楚,谁知道你是笨还是坏呀?"

深以为然。不管是东西方企业之间还是其他情况下的并购、合作,都不要轻易地归结为文化问题。绝大多数情况下，就是沟通问题、信任问题。

国际化期间，柳总曾在一次内部会议上说："在企业内部，东西方文化差异远小于好人和坏人之间的差异。企业员工的共同愿景都是让这个公司有好的发展，个人能够'活少钱多离家近'。"大意是这样的一段话，翻译过去，各国员工爆笑一堂。

"我带过深圳、北京和罗利的团队，没有直接带过日本的。团队确实有差异，但是各有所长。"

周浩强在台研时的管理范围有五六百人，算上外包有700人。

"某种意义上说，美国工程师在架构设计上的能力比中国工程师略强，这是教育方式不同的结果。而且他们是用着IBM机器长大的，确实比我们更熟悉产品、更了解客户，有一整套的用户习惯。另外，PC核心部件的上游公司英特尔、微软主要在美国，这一点确实也是人家的优势。日本团队总的来说年龄偏高，资深、单个的老工程师确实很有经验，工作做得细，匠人匠心是有的。但他们的文档真的不如我们，经验传承不如我们，创新上也略显保守。联想研发的文档做得很好，出个问题就会马上复盘、达成共识、把原因记录清楚，而且是动态review的（及时更新）。这一点很重要，确保经验能得到传承，知识能得到积累，年轻的工程师跟着这些文档走也能很快地胜任工作。"

"平心而论，我认为联想的研发还是挺强的，产品上到几千万台的量级，供应到全球100多个国家，随便出点儿什么问题都是高昂的服务成本，做这样的产品是很不容易的。更可贵的是还能坚持创新，联想的创新不仅体现在产品上，同时体现在推动产业链上下游厂商一起创新，包括很多核心部件和集成电路的创新。"

"当然，这些外界知道得都比较少。"

"不谦虚地说，中国研发人员的单兵能力不比任何国家的差，甚至还要强，关键是组织形式是否能激发他们的能力。另外，还要有长期的投入，要允许失败。"

"我比较看不惯的是进行创新之前，为了申请费用要写大量的PPT，在内部就搞得跟路演一样。而辛辛苦苦把产品做出来了，领导们只是在展台前看一两分钟。"

周浩强的研发理想国，是人际关系简单、彼此平等、信任、协作，有一些机动灵活的资金，允许尝试做一些小东西。"我希望对于前瞻的概念性产品，领导们能够作为用户拿回去认真地试用几天，之后给一些专业性的反馈。"

他清楚地知道，根本的改变需要经历几代人、需要更多元的文化融合演进，需要一个个人、一个个组织更多自我迭代的勇气。

"我记得化冰刚转去服务器团队时，我是第一个项目产品开发的头儿，结果有一个测试没做好。对技术我们是有信心的，只是会delay（延期），需要寻求support（支持）。从规则上讲，美国老板这一关是肯定通不过的。"

"那天电话会的时间很晚，之前我被安排了个应酬，喝了点儿酒。表决之前，我从来没有那样 solo 过一大段英文（一个人慷慨演说），讲了好几分钟。美国那个本该最后投票的 project engineer（项目工程师）忽然就先开口了：'我同意 Anthony（周浩强的英文名）说的，这只是一个流程的问题，我们要给一个全新的团队全新的鼓励。'结果所有人都 say yes（同意）了，全票通过。"

"那时不是用 Sametime（IBM 开发的一款办公用的即时通信平台）吗？一散会，好几个人发信息来问我是不是喝了。"

"说到底，没那么多的文化冲突。你要真诚、直接地让别人知道你的意图首先是对他们没有害的，然后还可能是对他们有利的，这样你就有可能获得更多的支持。"

"如果不能坦诚沟通，我宁可不说话，我不想躲躲闪闪、暗戳戳地做人。"

在和海外团队沟通的过程中，周浩强认为自己有一件事做得还不错，那就是整合美国的 workstation 开发团队。

workstation，工作站，是应用于工程设计、科学研究、金融分析、软件开发等专业领域的高性能计算机系统。

与普通台式电脑相比，它使用的是多核或多处理器，算力更强；显卡会配备高性能的图形处理单元（GPU），能进行 3D 建模、图形设计、视频编辑和其他图形密集型任务；内存支持更多的随机存取存储器（RAM），需要处理大型数据集和复杂的应用程序；固态硬盘（SSD）或高速硬盘，可提供高速的数据读写……

产品设计上要满足各种专业软件的需要，如计算机辅助设计（CAD）、图形设计、科学计算和数据分析工具等，对可扩展性、可靠性、稳定性、安全性的要求更高，也需要更高分辨率的显示器。这种商用产品对定制化、专业技术支持的要求都很高。

"当时的目标是要把开发工作转移到国内，美国团队怎么安排是个问题。考虑到 workstation 这个产品中包含了大量专业应用软件，市场和客户也大部分在北美、欧洲。美国人的优势是什么？就在于更懂行业大客户。我知道这个团队的价值，我更倾向于把他们留下来，作为产品的架构设计以及核心客户的售前方案沟通，对业务也许会有很大的帮助。毕竟他们更熟悉客户，更熟悉产品的应用，和客户、上游的沟通也确实比我们有优势。方案得到老板的支持后，我们小心翼翼地跟美国团队沟通，尽管有顾虑，但他们还是欣然接受了。"

这个团队现在发展得不错，workstation 的产品也做得很好，市场占有率持续攀升。

"真诚打开栅栏，实力赢得尊重，成事形成友谊。"周浩强对沟通的总结十分精辟。"我特别反感那些抢地盘的内部竞争，有了新的想法不是齐心协力去做，而是先谈归谁管的问题，没做事呢先内耗。"

"一个团队一定要能共同面对问题、解决问题，一起面对失败，win together（一起赢）是我很怀念的联想文化。"

2017年后，周浩强开始负责显示器及外设产品的研发。

"离开台式以后，有一段时间我找不到方向。我是从基层一步步做上来的，原先在台式、在 QDI 有一点点积累，产品我都很熟悉；项目上的问题我都知道细节，心里有底；同事配合多年，有什么新想法，大家总能很快理解和配合。"

"到了新的部门，产品不熟悉，流程不熟悉，好多默契没了。这也就罢了，麻烦的是我还是个'官儿'了，很多的会，好像上班就是按时参会，真是不习惯。感觉自己在被一个庞大的组织推着走，逐渐地开始迷茫，自己到底在做啥呢？"

在迷茫期，周浩强找到了一件有价值的事——推动原本埋头开发的团队走出去、主动地跟系统和应用方案厂商合作，以开发方案的思路去做配件。

早在 2015 年，通过做会议系统，周浩强就拿到过微软 200 万美元的资金支持，这是软件厂商对于可以帮助它们实现更多场景应用的支持。正是在这个合作的基础上，周浩强带着外设团队做出了一系列 Teams 认证的产品，这在当时是很不容易的。

不容易的点在于，微软在全球已经有 6 家同类产品的认证合作伙伴了，好多年都不再接纳新伙伴，有资源有限的问题，更重要的是要维护生态的利益。

"我理解他们的难处,但他们也有创新的压力,也有自己的KPI(关键绩效指标)。"

周浩强总是善于从对方的角度考虑。"如果你只是求人帮忙,没有给对方带来增值,事情其实是很难推进的。智人就是协作,大家找到共同的利益点,这个过程其实挺好玩的。"

从主板、台式电脑、工作站到外设产品、数码配件,周浩强一直构想着更具想象力的产品。

"虽然我自己不一定有能力做出一个让人两眼发光的革命性产品,但是我特别关注这个行业的趋势。"

"联想过去在中国市场的成功和知名度,最重要的是开创性地推出了家用电脑,在拨号上网时代,普通用户都不知道上网冲浪能干什么的时候,联想能推出互联网电脑、一键上网,这是开创性的。在技术上只是微创新,但能帮到用户的创新都是好的创新。大家觉得简单、不起眼的外设和显示器,其实也有很多这样的微创新空间。"

在帮各路朋友忙的过程中,有一个做渠道的朋友希望周浩强能帮忙找资源一起合作研发智能耳机、智能眼镜这类产品。"从手机一路进化下去,应该是个离脑袋越来越近的东西。但人工智能发展得非常快,现在能看到、能想象到的可能都不是最终的形态。"

"但不管最终是什么形态,这些都是很有意思的尝试,关键是场景要开发好。联想推出的 AI PC 也是一样,关键是要易用，就像当年一键上网的互联网电脑一样，真正让用户用起来，这方面是联想的优势。"

在这次长聊的下午，周浩强给我发了一张街景照片，高楼大厦矗立在蓝天之下。我没看明白。他告诉我这里是他曾经的记忆科技和联想，两个楼挨着。

"特别感谢曾经遇到对我绝对信任、无理由支持我的领导，让我做事一直很顺。我是幸运的，经历过一个研发人的理想国，基于应用，不断创新，研发真的有意思。"

刘爱婷
以梦为马

比起如何离开的联想,刘爱婷更爱念叨自己是如何进入联想的。

北漂三四年、落户买房扎根成功的她,着了迷似的想去联想,那是她仰视、向往的地方。

"我当时真是削尖了脑袋找各种招聘信息,只要有我能干的岗位就投简历。有三四个部门都给了面试机会,渠道、品牌、商务都有,有的还面试了两三轮呢,都到了做行为测试的步骤。"

"一个不成,过一阵再有合适的岗位,我就再投。中间陆陆续续已经认识了不少联想人,那时候还没内推的概念,否则我可能会早点儿进去。"

"最后入职体检时,因为肾上有个小囊肿,差点儿不让我入职。我当时就急了,反复申诉这不是个问题。为这个,人还没来，就落了个'挺厉害'的印象。他们是不知道，走到这一步我多不容易啊。"

然而刘爱婷运气真是不好，她在联想干了才一年多的时间，就赶上了2004年战略大调整，她被裁了。

裁员风声乍起，刘爱婷分析了两种人最危险，一是工作有年头儿、工资高但绩效低的，再就是她这样入职不久的职能岗位。她开始积极想办法争取留下来。当时有一条路是"下大区"，就是到外地分公司工作，许多人尤其是女员工一般是不会选择这条路的，但刘爱婷愿意。她迅速地联系了江西分公司，刚谈好，第二天公司就发了文件不让下大区了。

即便如此，刘爱婷也没直接离开联想。她去了阳光雨露下面的维修站，"当时乐观地以为，过一段时间，公司业务好转了，还能够有机会重回联想"。

等了几个月，这个机会终归是没等到。

这短短的一年多时间，就是刘爱婷和联想的缘分。一晃20年过去，她说："联想给我烙下了深深的印迹。"

我们聊起那篇著名的《联想不是家》，如今看来，它极大地推动了中国打工人的职业化进程，但也是不少曾经联想人心上的疤，一些人至今心有怨念。和东北下岗潮一样，非亲历者是无法感同身受、不能进行评判的。

"作为基层员工，能怎么办呢？只能拥抱变化，强大自己。"刘爱婷积极的心态和强大的自驱力，与那个阶段的联想还真是相得益彰。"出来后，其实工作还是好找的，因为在联想干过，相当于现在有互联网大厂的背景。"

在联想，刘爱婷的岗位属于服务系统，但不是简单意义上的售后服务，而是2002年联想成立的信息技术服务公司。这块业务有个明媚浪漫的名字——阳光雨露，起初是做联想服务的授权业务以及相关的增值业务、保外服务和服务外包。基于联想大量的客户，按家用、商用分别建立IT服务体系，把积累了十几年的服务能力"复制"给授权站，让售后不再是成本中心，而是利润中心。

"维修站有40多家能做延保，当时这个概念还不强，联想是很领先的。商用客户有批量买延保的需求，不同品类、不同厂家的IT设备也需要综合服务，我们就承接这部分需求。"

"印象特别深的是乌镇景区，当时要做智能化的整体维修、维护，难度挺高的，我理解那就是以客户为中心的创新服务体系。"20多年前的业务模式，在刘爱婷的讲述中依然不过时。

这个服务团队起步就有千人规模的工程师队伍，以后不断调整，按需而变，业务包括软硬件产品支持服务、IT运维、系统集成、IT及行业解决方案等。

现在的阳光雨露，承接了远不止联想品牌的130余家IT产品、设备及方案厂商的授权服务，在全国分布了2500多个服务点，拥有1万多名专业工程师，技术团队规模是刘爱婷在联想时期团队的 10 倍。

刘爱婷毕业于北京服装学院的精细化工专业。这个来自大庆油田，天然有一股子冲劲儿的姑娘，在大学做论文的时候就开始实习上班了，一直属于"抢跑型选手"。

她的第一家工作单位是一家规模不大的民营企业，但属于高新技术企业，能解决户口。"那个老板有胆识、有谋略，大胆使用人才，具有改革开放之初民营企业家的各种优点。"

跟着这样一位老板，刘爱婷在商务谈判、招商等方面学到了不少，也接触到了广告、营销等概念。当时，这家企业想请一个代言人，是中国男足的外籍教练霍顿，在米卢之前的那个。这事儿没有谈成，但过程对于一个刚毕业的女生来讲是非常大的锻炼了。"我们什么资源、关系也没有，自己也不知名，就是生生拿着黄页，给 3000 多家广告公司一家一家地打电话聊。"刘爱婷沟通了 1000 多家广告公司，开口推销自己、表达诉求、考虑对方的利益点，这能力算是练成了。

一年左右的时间，通过这家企业成功落户北京的那拨儿大学生都离开了，寻求进一步的发展。公司没要任何补偿。21 世纪之初，企业和个人的注意力都在求变、求发展之上。

刘爱婷到了清华同方下面的一家能源环境公司工作了两年。其中有几个月她都在准备考研，目标是北京航空航天大学的经管学院，没有考上。但是这两年，她完成了另一桩大事——买房，地点在西三旗，90多平方米，当时1个月挣3000元，要还2000元的房贷。

靠着个人的努力和胆气，刘爱婷享受了时代的红利，在30岁不到的时候，解决了北漂的两大基本问题。

当时大多数的民营企业都是多元化混业经营的，同方也不例外，它既做环保又有IT业务，这让刘爱婷更进一步地了解到联想。

早在1999年刘爱婷毕业时，她就知道联想，"绝对是当时中关村最亮眼的公司，没有之一"。她印象最深刻的就是联想推出的FM365网站。

这个伴随着联想第一款因特网电脑天禧发布的网站，在中关村街头最显著的位置做了一系列悬念广告，又聘请了当时还非常青涩的周迅和谢霆锋作为形象代言人，拍了电视广告片，投入上亿元。精妙的创意，高调的投放，让FM365的问世风光无两，目标就是3年内成为中国第一的门户网站。

和当时的新浪、搜狐、网易这些web1.0的网站一样，FM365有新闻、邮箱、搜索、游戏、软件等频道，优势则是所有联想电脑的浏览器主页都固定为FM365首页，这能为其带来巨大的免费流量。

联想在电脑商用、家用成功的基础上，预见时代潮流，不断探索IT领域的多元化，塑造了自身行业探路者的形象。

"我进入联想绝对是在一个高点，但我所在的阳光雨露又是一个边缘的、新兴的小业务。联想给了这个相对独立的小业务很大的自主发展空间，鼓励我们创新。我当时负责业务推广，特别有想象空间。"

刘爱婷的岗位职责，让她深刻体会到了一个大公司内部的小业务，如何在内部争取资源时，紧贴大战略、基于生态地位和主流业务协同；如何在对外合作时，拉好大旗、利用大品牌的强背书。日常运营中，一方面是麻雀虽小、五脏俱全，搞好小团队建设，有独立的品牌、文化特性，另一方面又要完全遵从大公司的高标准、严要求，充分利用平台资源。

"从入模子开始，我感觉自己完全被格式化了一遍。那时候根本不会再想考研了，工作即学习，上了不少的培训课、读了不少书，IBM 的客户服务体系、《高效能人士的七个习惯》……这些给我的烙印太深了，是我以后工作的基础方法。"

"还有联想的管理，如做事先做人、凡事先统一认知、统一目标，注重团队沟通融合，这些写在纸上都太轻飘了，全是在做项目的过程中、通过跨部门协作得来的。"

之后迅速转战到互联网行业的刘爱婷，对于"被离职"这件事很快就释怀了，真正意义上把被裁当成了毕业。

"我觉得这件事情教育了我，一个企业没有达到预期，就是要给股东一个交代。以后在我自己创业的过程中，再看这些真的觉得都太小儿科了。民营企业从组织到个人，内部外部、宏观微观都是在夹缝中求生存。"

"在维修站的那几个月，我是有切肤之痛的，感觉到了大企业的复杂性，个人奋斗或者叫挣扎有一种无力感。我看小小的一个维修站反而觉得单纯，有客户需求、服务到位，钱还不少赚。"

刘爱婷特别喜欢的 FM365，在 2003 年底因为域名未能及时续费而被一家美国公司抢注，成为一桩匪夷所思的离奇公案。后来虽然联想重新获得了这个域名，但这个网站已经"社死"了。"早开张了半年，又早关张了半年。"这次有意义的探索暴露出联想基因的一些弱点，刘爱婷说："但我们得看到联想能成功细分出家用电脑、消费笔记本，还做到世界第一，这就是企业中的顶流。"

她离开联想的那个初夏，中国互联网第二波热浪袭来。

"阳光明亮得有些晃眼，一个全新的世界，太快乐了。"她欢快地描述着彼时的体验，"我先去的是中国最早从事金融证券资讯服务的和讯网，待了几个月。"

和讯网算是国内第一家财经资讯垂直网站，至今在业内仍有优势地位和品牌影响力。

"我发现互联网真是太牛了！它有数据！从参加工作开始，虽然换了 3 家公司，但我的工作或多或少都和市场营销有关，最大的困难是根本不知道投入会带来多少销量。电视还有个收视率，但不能形成闭环，这在互联网公司里就不是事儿了。"

互联网公司给了刘爱婷尝试角色变化的新机会。当时和讯网要开发无线平台的虚拟货币系统——和氏币,"和氏璧"的谐音梗。她要负责策划、实施这个"和氏币"的虚拟形象和虚拟环境系统,先想象,再去指导设计程序、开展商务拓展(BD)工作。

"我发现自己这不就成了产品经理了嘛!"

产品经理得会写代码啊。于是每天坐地铁从龙泽站到朝阳门站,刘爱婷一路咣当着,一路温习大学里学过的c++。"自己可以上手,心里才有底。我没有压力,不觉得很难。"

理工科出身的刘爱婷很快就开始参与写代码、改代码了。"那时候和讯的技术、BD和设计都是开放的,有高人在侧,随时可以问,感觉成了爱好,这点儿能力玩着玩着就玩出来了。"

大约玩了半年,刘爱婷作为产品运营总监入职上海盛大网络发展有限公司。

如果你是一名网游玩家,盛大这个名字你绝对不会陌生。2004年挂牌纳斯达克的盛大曾经是全球在线用户最多的网游运营商,仅《传奇》一款游戏就占据了当时国内网游市场68%的份额。

刘爱婷的工作是组建无线业务部并负责管理产品开发和运营,具体负责泡泡堂娱乐门户网的无线板块。无线业务主要的成果是开发彩信彩铃业务,其中很重要的工作是协调北京、上海等地的运营商关系。

"盛大的总部在上海，北京方面跟上海总部协调资源不是一件容易的事情。"

"我在盛大没几个月就开始想创业了。有两个原因，一是我特别不看好 SP（服务提供商）业务，内容主要是交友、笑话，我不喜欢，特别是还有一些绑代码、抢钱的事儿；另外一点就是做这类业务的人都特别年轻，虽然那会儿我也不算大，但他们更年轻、无畏，或者说没有底线吧。"

想创业又没什么钱的刘爱婷，拉着亲戚、同学合伙注册了一家公司。她选了一个感兴趣的方向——减肥。"我一直觉得自己胖，现在 120 多斤觉得自己胖，当时 100 多斤也觉得自己胖，上学时不到 100 斤都觉得自己胖。"

身高 164 厘米、如今勉强跻身微胖界的刘爱婷从大学起就开始研究减肥。从国外的健康类网站上，她学习到塑身、健康饮食的概念——不仅要少吃多运动，还要从肠道菌群等生物层面加以改变，更深层次的是从心理、生活方式上进行调整。

2006 年，刘爱婷做了大量翻译、本土化和产品再规划的工作，做出了一个国内版减肥网站，把当时主要的产品工具都用上了，发布和减肥相关的新闻、知识，像个小门户网站；也有胖友们的社区、BBS，通过互动功能互相监督……

"好几块内容都是我们自己做的，如食物摄入、运动代谢的卡路里测算、BMI（身体质量指数）、臀腰比等，真花了不少精力。"

为了给用户提供精准服务，刘爱婷设计了100个问题，辨别不同因素以便提供个性化建议。"比现在的薄荷（一个目前较为流行的减肥类App）做得好，但受制于用户数据量，生成的报告并不理想。"

然而，无心插柳的事情发生了。

这个减肥网站有商城功能，刘爱婷上架了一些和减肥、健康相关的产品。其中有一款欧姆龙的血压计，是礼盒款，外观很漂亮，一下子卖火了。

"应该说，我是享受了百度竞价排名最早期的红利。当时1000元就能产生很大的流量，我又会做优化，用什么关键词，投入在哪个区域、哪个时段，都是实时、可视化的。"

做互联网产品的没有刘爱婷的商业头脑，做商业的没有像刘爱婷这样这么早利用互联网平台的。

"流量最大时，我这个小破站在ALEX上排进了前1万名。挣钱最多的时候，两个月的营业额有30多万元。"

创业热火朝天，有的同事就知道了、眼红了。"HR找我谈话，他们也知道入职时并没有明确说不能同时创业，但人家现在拿这个说事儿，你也没办法。"

心已经野了的刘爱婷索性就离开了盛大。

联想、和讯、盛大，断续三四年的时间，从IT到互联网，信息浪涌，不断刷新、激荡着本就追新求胜的刘爱婷，她说："这是我人生转型最大的时期。"

带着"互联网+"的思维从盛大出来，刘爱婷却是脚踏实地沿着欧姆龙礼盒的成功路径，开始做起了To B的礼品生意。她的目标很明确，3年时间要赚到第一桶金，啥赚钱做啥。当时正值银行的信用卡业务蓬勃发展，她就为民生银行、招商银行提供开卡礼、积分换购的礼品服务等，也有神州数码、同方、华为这些IT类的大客户。

2008年4月，刘爱婷和从事医疗行业的先生一起去深圳看礼品展和医疗器械展。看完了礼品展，刘爱婷跟着先生到医疗展转了一圈，然后坐下来听政府官员的报告、专家的论坛。

"我听到2035年前后，我国60岁及以上老年人口将突破4亿人、在总人口中的占比将超过30%，国家进入重度老龄化。领导还谈到了医疗器械要大力推动国产化率，我感觉这里面蕴藏着巨大的市场机会。"

从深圳回来后没多久，刘爱婷成了准妈妈。当时母婴电商大热，涌现出不少知名的品牌，如丽家宝贝、乐友和红孩子等。刘爱婷冷静地进行了一番对比分析，认为老年康养这个市场的周期要长很多、潜力巨大。

"母婴市场就是面向从十月怀胎到上幼儿园这个阶段，几年而已。而人类的寿命，古人就认为'寿，百二十岁也'。活到120岁才叫尽其天年，那可是几十年啊。"

从先生那里看了一些中医典籍，加上做减肥网站时结交的大健康领域的一些朋友，坚定了刘爱婷对这个领域的信心。怀孕、生孩子的那段时间，她一直盘算着这些计划。

2008年，全球金融风暴、股市波动，银行卡积分换礼这样属于神经末梢型的业务也有所体现，代销库存非常大。刘爱婷怀孕七八个月时，挺着个大肚子去要账，结款非常困难，还要受制于中间人，这也促使她积极地去转型。

像从化工专业转 IT、互联网，再从礼品业务转到医疗，表面上刘爱婷的事业线斗转蛇行、变化甚大，但内里却也是草蛇灰线、自然而然。

2009年，刘爱婷摸索着做起了医疗器械的生意。有着互联网+思维和产品开发经验的她，必然要创建一个网站。于是，众康网应运而生。这是个企业对消费者（B2C）的网站，平台和进销存系统完全是自主设计开发的，代理家用医疗器械、健康家电、保健食品、健身器材等几大类产品。最多时在架的品牌超过200个、商品3000余种、库存商品700余种；支付方面，和招商银行、工商银行、交通银行这三大银行以及支付宝、paypal 都有合作。

当时京东、当当、亚马逊、苏宁、国美这些大平台都处在扩张阶段，纷纷招募商家在网上开店。"我是京东医疗器械的001号店，当时还没有京东健康这块业务，应该是叫'京东营养保健'。"

"我是最早那批上网开店的，初期就是不断地在各个平台开店。一下子做那么多品牌旗舰店和专营店，真是太锻炼人了。每个店基本上都是一个小公司，要有一个独立的店长，然后加上采购，还要建售后服务团队。售后服务对于网店太重要了,如何提高成单率以及发货率也是大问题,要了解不同平台的不同政策,还有自己网站产品的事情,工作难度一下子就大起来了。"

2011年至2016年是刘爱婷事业的高峰期,她和当当、国美、苏宁、1号店、拼多多、亚马逊都有过深度的合作,但主要的收益来自两家天猫旗舰店、两家京东旗舰店以及多家专营店。她代理的产品有护理床、制氧机、呼吸机、针灸仪、产后康复仪、TDP电磁波治疗仪等,其中,多功能护理床一度在京东搜索结果中占据前两三名的位置。

不同品牌背后都是众康网在运营,刘爱婷憋着一股子劲儿想把众康网做大做强。

2013年,她的主要精力放在了收购药房上。

"医疗行业非同一般的生意,它关乎民生,政府部门的管理非常严格,对互联网医疗这个新生事物更是谨慎。我们当时要想取得互联网药品零售的资格,至少需要拥有10家连锁药店。"

2018年3月1日,国家食品药品监督管理总局开始实施《医疗器械网络销售监督管理办法》,医疗器械才开始单行管理。

刘爱婷收购的药房分布在海淀、顺义、昌平。收购的成本最高的55万元,没有低于20万元的,买过来重新装修、添置药品,一家平均投入40多万元。她还自建过一家,原址也是一家药房。这个过程吃掉了不少早期经营的利润。

"我那时天天趴在网上研究学习美国大型医药连锁企业沃尔格林药房（Walgreens）、英国龙头连锁药店博兹（Boots）等，在研究的过程中，这两家居然还合并了。"

"我关注它们如何从小变大、逐渐崛起，也对它们后来的资本运作以及上市情况感兴趣。"

沃尔格林是世界上最大的药品零售企业之一，真正的百年老店，它的业绩甚至超过了英特尔、通用电气、可口可乐这些我们更为熟悉的世界 500 强企业。

从分散经营到连锁经营，从独立自建到行业整合，沃尔格林充分运用了资本的力量，除了上市发行股票等，在门店建设过程中还使用了众筹等手段。雄厚的资本让沃尔格林拥有几千家门店，据说 80% 的美国人家方圆 8 公里内至少有一家沃尔格林的实体店。

让刘爱婷咂舌的还有沃尔格林的经营模式：一两千平方米的店面中除了摆放药品，更多是品类齐全的生活日用品、食品、化妆品等，甚至提供洗照片、美甲等服务，彻底把药店变成了生活服务站。"这和阳光雨露的理念是一致的，以客户为中心，你就能无限地延展服务。这个模式我接受起来毫无难度。"

当然，刘爱婷最想学习的还是沃尔格林如何利用信息技术提升客户服务的能力，甚至改变消费者的购物行为。

"它有一套被称为'锁定患者'（one-patient view）的信息系统，可以从社区、企业内分散的药店、诊所等，收集、汇总患者的相关信息，经过整合、分析之后，再为客户提供管理式医疗保健计划（managed-care plan）。这个客户不仅是患者、医生，也包括健康计划的支付者即企业雇主，以及医保计划的各级管理者。"

"这样的沃尔格林不再仅提供处方和药品，它成了一家数据公司，为平衡整体生态系统提供数据支持，形成更为经济的方案。这才是真正为大医疗保健体系作贡献。"

对比当时国内的40多万家药店，基本都是单体、作坊式经营，整合度非常低，几乎没有完整的数据留存，更遑论数据打通、数据挖掘了。

"可做的事情太多、太宏大、太激动人心了。"刘爱婷要利用互联网技术，通过大型连锁的方式把原先做健康产品商城的众康网变成行业开放平台，"建立以线下连锁药房为基础的互联网+医药连锁加盟模式"。

"当时我很理想化，想着有了牌照、有了开放平台，以后药店就可以来加盟我们，然后我就做那种可比价的平台，透明公开，为普惠医疗发挥作用，我不能辜负'众康'这么好的名字。"

没有投资，仅靠着前些年的财富积累，刘爱婷开始了众康网的技术大改造。一期建立了自营商城和加盟药房两种模式；二期开发了三大功能，包括基于大数据分析的"智能找药"，基于医院数据对接及个人处方上传的"处方调配"，基于人性化服务的"续药服务"；三期包括健康管理、慢病管理、大病管理等功能。

一二期都完成了开发测试，投入了正式运行，"智能找药"这些产品至今看都还是有亮点的。

在快速发展的过程中，2014年前后，刘爱婷还想过自己建厂，"做贸易久了就想向上游发展。联想也是贸工技嘛"。

她做了个康养品牌，名字叫"睿康"，包括系列养老、康复、护理产品。"当时都去河北选址了，在衡水冀州。但因为要解决北京雾霾的问题，河北不让建厂了，只能考虑去甘肃、新疆这些地方。当时我家老二才1岁多，我肯定不能长期跑那么远啊。"

当时电商、药店这些业务加起来年营业额快一个亿了，"我有点儿膨胀，什么都想干，也觉得自己什么都能干"。

现在复盘，刘爱婷企业管理的能力在这一阶段大幅提升，独立思考公司的战略发展、全面操心日常的运营，组建了产品团队，想到什么就开发出来，还有各种管理制度、运行机制、对外商务合作。

"全靠联想经见的那些管理基础，遇到问题我就回放一下联想是怎么弄的。"

不依赖大平台、没有合伙人，单打独斗了10年，刘爱婷感觉自己跟社会的交流不够。特别是靠着实体店单体一个月几万块钱的销售额，想上大台阶实在是太难了。

"众康网前期投了两三百万元，运营起来发现这个事儿没有个几千万元打底，根本就干不起来。"

"我得打开格局，扩充朋友圈。当时觉得自己跟不上潮流了，很多热词，什么 P2P、融资啊，我都不懂，我得学习，像学写代码一样，得懂金融，这样技术、资本才能成为企业发展的双轮、两翼。"

2014 年，刘爱婷花了 12 万多元去上北京大学汇丰商学院 EDP 私募股权投资总裁班，同学多数是金融圈子和小贷圈子的人。那两年，大家热衷于讨论新三板上市这种问题，刘爱婷作为同学里的实业家，也被鼓动着花了不少精力去研究什么是新三板、上新三板有什么意义、如何上新三板。

折腾到 2016 年下半年，她意识到："这不能带来我们真正想要的资金，而合规等方面的要求虽然必要，但难免会降低小企业的灵活性，增加成本和负担。"

"并不是所有公司都要走上市这一条路。实话说，我挺后悔上这个总裁班的。"

总裁班有几个同学还想过给她做有限合伙人（LP），十个八个人每人出个一两百万元。刘爱婷考虑来考虑去，她对个人投资者有些顾虑。"这不像机构投资，每个人自己出的真金白银，即使不参与日常经营，也会对自己的资金盯得非常紧。而且每个人都有自己的主见，有来自不同行业的工作经验和一定的社会资源，难免会指手画脚，那不就乱成一锅粥了？"

"如果找到风险投资，或许会不一样？"我问她。

"创业路上没有如果。"现在的刘爱婷是冷静的。"从投资眼光再看,当时的业务形态太重了,想法也是挺粗糙的,搁现在我自己都不会投。"扩张的过程中,刘爱婷见过一些机构投资人,他们都想着做轻的事情,并不看好众康网这种重运营的业务。

后来那些药店陆续关停或卖掉,平均售价40万元左右。

"如果在2016年出售怎么也得100万、120万元啊。""还赶上了整顿军产房,关了2家,2017年整治拆墙打洞时又毁了1家。搞经营就是这样,啥都得接受。"最后一家药店售出于2018年,都不算赔钱,只是没有卖在高点,因为她其实一直是想好好经营的。

"如果能在2016年把整个业务卖掉就好了。"当然,这也没有如果,甚至有许多不可抗力。

从2009年开始做的众康网,从这一年起再没做过投流。在法律意义上它依旧存活着,有牌照,保留着供应链、进销存体系,但没有实质性的经营,尘封已久,是刘爱婷曾经的理想与激情的一座纪念碑。

"我是主动转型的。"她没有认输的意思,全无消沉。

"我们大庆人,天生不怕困难,从小就被教育'吃大苦,耐大劳''有条件要上,没有条件创造条件也要上'。"

刘爱婷阳光、敞亮、洒脱的性格,和大庆这座移民城市不无关系。

20世纪60年代,天南海北的数万建设大军向大庆油田集结，其中就有刘爱婷的父亲。"我爸是2160队的队长。他是内蒙古大学物理系毕业的，从甘肃长庆油田转到大庆。那种精神就是'天不怕地不怕，风雪雷电任随它，我为祖国献石油，哪里有石油哪里就是我的家'。"

"我父母最大的期望就是让孩子考到北京，我和我弟都做到了。"

"我到现在也不喜欢涂脂抹粉，我坚决不会打除皱针。"

刘爱婷的快人快语、豪迈粗犷或许还源于祖籍内蒙古。她最大的爱好就是马术，曾多次参加马术比赛，荣获过西部马术比赛绕桶冠军、穿杆团体冠军，是马术项目国家一级裁判员，凭马上技巧展示获得过全国西部赛"牧人皇后"。

2008年奥运会期间，她怀孕两个多月，还去中国香港做了3天赛场的裁判员。创业后也从未间断这个爱好，现在一年还要去五六趟马场，以前每周都去，带着孩子去。驾驭、奔跑，带给她莫大的愉悦。

就是这么个天生能量强、无所畏惧的人，2017年底、2018年初的时候，还服了十几天抗抑郁药。

"那种挫败感啊，怎么说呢？一天几十次觉得自己有问题，连骑个自行车我都会觉得迈错腿了。"

动因不关事业的起落，却是被员工坑，被信任的人辜负，委屈成了压倒刘爱婷的那根稻草。

服药的感觉，让刘爱婷感觉不适，思维迟钝、行动困难。"我觉得不对，太不对了。"

她主动地吃、果断地停。"我之前学过一些中医的理论，应该进行全方面调理，特别要关注情致方面，不能简单让药物干扰我的神经。"

那段时间，她还遇到了一位特别好的数术老师。

人家四十不学艺，作为理工女的刘爱婷却开始着迷于中华古代的神秘文化，阴阳五行、天干地支、河图洛书、奇门遁甲，在她眼里变化无穷，兴味盎然。山医命相卜，相克相生，归纳推理，她看到的都是概率论和数理统计，是数字逻辑和社会科学的结合。

师父也觉得难得遇上一个好学生，虽然两人的住处相距很远，但不妨碍这一场双向奔赴。系统地学习了一年左右，在师父的赞美、表扬和"反复认可"中，刘爱婷感觉自己被治愈了。

她把数术的学习融会贯通到一直在自修的中医药理论中，在2021年9月拿到了中医（专长）资格医师证书，可以在"大家中医"这个医疗平台上给人开药方了。2023年她又修了个心理学的证书，但她觉得现代的心理学不如中医，因为中医的关注点在情致，更把人看成一个身心灵的整体。

"我不能接受躺平，不前进、不学习，我就焦虑。这一点也挺联想的吧？"刘爱婷哈哈地笑着，把自己往联想人的标准形象上靠。

"学习，但不能盲从盲信，得有自己的思辨。我觉得我最'联想'的是不爱扯闲篇儿，有事儿说事儿，目的性强、效率高，遵从沟通三原则。"

我也觉得在联想阶段的沟通是最舒适的，简单、高效、目标一致、话语体系一致，对齐、拉通自然就不那么费劲儿。

停下创业脚步的刘爱婷，把简历、资质挂在猎聘网上，没多久就被正安中医招了过去，在正安的总店当了一年多的店长。

"我特别特别喜欢正安，那一段工作我干得可美啦，每天穿着旗袍，和几个神仙大夫聊天儿。"

正安中医，是梁冬在2010年创办的。我认识梁冬，我也去这家总店看过病，完全可以脑补出刘爱婷在其中忙碌的画面。说实话，我觉得那种黑胡桃木色的新中式风和她风风火火、大大咧咧的气质并不是很搭。她坚决地否定我的认知："我认为我特别'正安'，我从骨子里认同正安的人正心安、大益精诚、药师佛文化。客户看不见的地方，药师佛看得见。"

店长的工作，不是想象中管几个员工的事儿，刘爱婷认为胜任这个岗位，得对事业有思考、有贡献。"我给自己的定位是事业合伙人。"她负责制定医馆的年度经营计划，管理和激励团队，完成业绩目标。"我引进有名望的大夫和新业务最积极，还有优化业务结构、精细化管理。精细化的一个创新就是把客户数据营销进行分团管理，提高储值率，实现零欠费，保险拒赔月月清零。"

之前这个门店连续 7 年亏损，到刘爱婷手里头一次扭亏为盈了，销售额增长了 27%。"正安有着良好的服务和经营基础，我唯一不够'正安'的地方就是营销激进。我还搞了人员优化、培训和团建，原来涣散拖沓的团队变得稳定，有凝聚力、有执行力、有战斗力，还建了市场推广队伍，改变了原本单一的口碑营销模式。"

虽然是打工，但她慢不下来。"还是冲得太狠，我借助平台就是想干自己单打独斗时干不成的大事，我不接受束手束脚，看到机会不去拼不是我的性格。"

"我非常佩服梁冬，人家确实有学识和修养，管理上的无为而治也很适合做中医、做传统文化。"

事实上，刘爱婷和梁冬本人深度交流的次数并不算多。"但我能感受到他管理风格非常细，对环境、文化、服务体验都很重视。比如店内的色调要相对明亮，灯光要散光源，不能病气沉沉，都是他提出来的。"

我家还有正安中医馆的袋子，上面写着"正心诚意，温暖喜悦"，对于亚健康的中产白领中医粉来说，这是一家以中医药文化为主导的健康生活方式服务平台。梁冬说过他做的是"一家尊重生命的新古典主义中医机构"。

虽然没干多久，刘爱婷却在正安深受中医之美的熏陶，正安那些动不动就闭关百十来天的"神仙医生"也让她见识到了脉诊、针灸、中药调理、拔罐、推拿这些传统中医疗法的奇效。"不管你信不信,反正我是看到了许多患者受益,中医既能治已病又能治未病,着眼于人的整体健康。"

做医疗器械、药店、大健康前后有13年的时间,刘爱婷一直看好健康管理产业,认为应该为人提供"从身到心全方面的欢喜体验,让活得久的人活得好"。

44岁时,刘爱婷自己都没想到,居然有了一个进入国企的机会——中国医药在2020年计划收购乐氏同仁堂。

中国医药的前身是中国医药保健品进出口总公司,定位是"医药及医疗器械综合服务商",业务以医药及医疗器械商业为主,以医药工业为支撑,是个贸工技服一体化的大集团,在全国医药百强中名列前茅。

刘爱婷看中了这个宏大的事业平台,而她的履历和能力也让这家大国企眼前一亮。

快速进入状态后,刘爱婷一方面参与复杂的项目洽谈;另一方面则是做战略规划——如何开展内生和外延业务,如何确定重点市场的攻关计划,如何开发重大客户,如何与上下游合作伙伴建立联系。刘爱婷拳打脚踢,十八般武艺都用上了。

"这是个超10亿元的盘子,体现出大国企做大事的气魄。我赶上了一个非常能干的领导,头两年做了不少事。"

然而,乐氏同仁堂这个项目历经几个月的磋磨,最终还是搁浅了。

刘爱婷十分感谢这个项目,不仅是因为在别人中年危机时她拥有了一个上大平台做大项目的机会，更主要的是让她把所学的技术、金融、医药知识进行了一次全面的融合和提升。之后，她还参与了兰州某制药的并购项目、兰州中医药进社区项目；考察了新绿色、宏济饮片厂、春风药业等拟投资项目。

"事不分大小，有收获就是好的。我只是怕浪费时间。"对于刘爱婷而言，每一个不曾起舞的日子都是对生命的辜负。每一年，每一天，她都得折腾。

中国医药的产业形态纷繁复杂，光是中药这部分就涉及种植加工、研发、生产、销售、物流、进出口贸易、学术推广、技术服务等，其中最引发刘爱婷兴趣的是天然药物领域。如何进行植物萃取，如何开发新的有机品种，如何通过"雨林联盟"认证（Rainforest Alliance，一个非营利国际非政府环境保护组织，其使命是通过改变土地利用模式、商业和消费者的行为，保护生物多样性和实现可持续发展），她深入进去，感到学无止境。

随着国内大健康市场蓬勃发展，2021年，中国医药的中药部新组建了业务五部，由刘爱婷兼任总经理，负责打造线上线下的新零售平台，主要开发、经营道地药材、贵细滋补以及药食同源的食品。2023年，他们又开始探索如何在医疗机构、康养机构、企业食堂等不同场景中提供药膳。

"企业可以是别人的、国家的，但事业心一定得是自己的。"

今年刘爱婷 48 岁了，她又逆势拿到了一个互联网大厂的 offer。对方挖她去开疆辟土，职级不低，待遇挺好。

"我还没想好是动还是不动，这个岁数在国企待着等退休可能是最正确的选择。但那个面试官说感觉我都不会在他们那里干太久，肯定还会创业的。给我分析得这么到位了，他们还要招我去，哈哈哈。"是刘爱婷招牌式的大笑。

最终，她还是选择了去接受挑战。

"都说互联网就干到 35 岁 +，我看我这年龄不是个问题啊。现在生活条件好，只要饮食有节、起居有常、不妄劳作，再加上基因编程、早期筛查、器官再造这些技术，活到 200 岁都不是不可能。我这且得干呢。"

依然年轻，依然有梦，那便以梦为马。

"我的终极梦想是开一家中医馆，没有病人来的时候，我自己就弹上一曲《庄周梦蝶》。"除了马术，刘爱婷还是一位古琴爱好者，学了也有五六年了。

冯健渐
无一刻虚度

在司马南骂联想的那段时间，应该有许多曾经的联想人像我一样在网上持续围观。我们不是普通的吃瓜群众，我们依然是利益相关方，在精神层面对联想充满感情——联想的不好，我们说得、别人说不得，更容不得人如此抹黑。

但凡亲戚朋友有人发来视频，我都会力所能及地解释、批驳上几句。我的危机公关理论是先灭火，冷静才有沟通，不要在网上"对骂"，那样会让热度居高不下，但绝大多数人是忍不住的。我发现有个联想前同事，用了两个网名在微博、小红书等平台持续留言，话语冷静，但评论的工作量却极大，颇有舌战群儒的架势。他就是冯健渐。

印象中，冯健渐是一个外表温和平静、身上带些学生气的人，中等个子，不胖不瘦。眼睛不大，但眼神清澈、真诚，初见会给人一见如故的感觉，让人不知不觉卸下防备的心理。在联想期间，他一直在前系统负责市场销售，从区域到总部，从国内到海外。依据联想员工常说的"每一年，每一天，我们都在折腾"，他转换过不少部门与角色，与我擦肩而过的就有 IT one for one（一个先是为渠道赋能，后来自己下场做中小企业解决方案的事业部，简称141）和服务器事业部。

2007年，我二进联想时，听说冯健渐辞职去美国读书了，这让我深切地感受到国际化对于一个"纯蓝的联想人"冲击有多大。

我是2003年初离开联想的。2004年底，联想宣布收购了IBM PC业务。当时联想集团已经是中国最大的电脑制造商，花费12.5亿美元收购IBM全球的台式、笔记本电脑及其研发、采购业务，一举成为年收入超过百亿美元、全球员工人数超过2万名的世界第三大PC厂商，前两名是戴尔和惠普。

众所周知，IBM是世界上第一台PC的制造者，也是PC的普及者。它的产品以性能卓越而著称，特别是ThinkPad笔记本，被称为"商务终极利器"，在世界500强企业中占有极高的市场份额。联想能使用这个品牌并获得完全的商标权以及背后大量的专利技术、全球的研发团队，是一件十分了不得的事情。

当时的联想人经常骄傲地宣称"我们收了IBM"，这个口头的表达并不准确，但作为中国的IT从业者，大家是真的感到自豪。柳总创业之初在 IBM 渠道大会上坐在最后一排的故事也被媒体挖出来，短短 20 来年，联想打赢了堵在家门口的 PC 大战，做了大量市场教育与铺垫的工作，为中国的信息化以及随后汹涌而来的互联网热潮奠定了坚实而广泛的基础。

这一场被认为是蛇吞象的整合，对于具体的当事人绝非易事，无论是联想人还是原来 IBM PC 业务的人。仅仅是让一直在 CBD 办公、"高大上"惯了的"IBMer"来北京城的大西北角、上地开发区上班，就造成了很多人员的流失，尽管联想为了欢迎他们，连办公椅都更换成"更符合人体工程学"的，卫生间也进行了全面改装。

在短暂的兴奋与骄傲后，联想人发现国际化最直接、最具体的体现，就是要用英文办公——全英文 E-mail、全英文 PPT、全英文 presentation（汇报）、全英文 con-call（会议）……

北京师范大学研究生学历的冯健渐感觉，仿佛"一夜之间，轻车熟路的工作干不了了"。当时他在绍鹏手下担任运营管理部总经理，和他平级的同事是负责 R 模式的蓝烨、负责 T 模式的陈旭东和负责电话销售的张坤生。他们都是毕业就进联想，除了旅游再没机会用英语的人。即便一直和上游厂商英特尔、微软有业务交流，对接的也基本都是中国人。偶尔会接触英文资料，但也就是看看而已，"听、说、读、写"中至少三项是完全用不到的。

为了快速适应国际化，联想积极挽留老 IBM 员工，同时引入了大量的来自中国台湾、中国香港的员工，以及有长期外企经验的员工。比如，2011 年底，接替我工作的 Acer 魏、魏江雷，就是在这个时间段加盟联想的。

对于职业经理人来讲，空降到联想是很幸运的。联想对人才十分友好，对自家的子弟兵则显得相对严苛。这个一贯的学习型组织开始了全员英语强化训练。开会时哪怕只有一个"窝外的"（worldwide，指全球范围的），就得上全英文。这可是一群开疆辟土、一路凯歌、40 来岁的中年人啊，他们要重新捡起的是本就没怎么学好的英语。

"中国机会多的是，我搁这儿费这个劲儿呢！"当年已经身处高位的一位联想同事，多年以后跟我这么描述他当时的心态。他在一次被"难为"后，果断选择了离开，去了一家仅成立了五六年的互联网公司。后来那家公司和他都声名赫赫，财富自由，一骑绝尘。

工作 10 年，一直优秀、屡获提升的冯健渐也是在这个时候有了被边缘化的感觉。其实还没有发展到文化冲突，或者为业务吵架的阶段，仅仅因为语言而没有了竞争力。难则难矣，冯健渐对公司的做法却是高度认同的。"中国企业的国际化刚刚起步，用英文的日子还在后面呢，不学不行，学不透不行，语言后面还有文化，还有商业文明。"

跟不上公司的发展，怎么办？时年 35 岁、自觉还年轻的他，提出停薪留职，要考托福、读 MBA。但是公司没同意。也可以理解，那个时候不能开这个先例。联想是个市场化很强的公司，停薪留职和发劳保一样是不存在的。

怎么办？"我卖了点股票，四五万美元。像普通的、刚毕业的学生一样，递简历、申学校。"冯健渐是一毕业就加入了联想，从未想过离开，但他更不想混在联想。"2007年，我出国学习，全职无薪攻读MBA，我是同学里年龄最大的。"

用联想的说法，他就是主动求变，拥抱变化。

于是冯健渐日后的教育履历是：吉林大学应用物理本科、北京师范大学无线电电子学硕士、美国威斯康星州立大学商学院MBA。

在美国，他扎扎实实地读了4个学期的书。当时，已经有越来越多的海外用户听说过"中国的联想"，但他们不相信联想最终会超过惠普、戴尔。每次课堂上讨论起联想来，气氛都格外热烈，冯健渐不断地在讲这个脱颖而出的年轻品牌，为什么能成功，如何能继续成功。商学院的教授们找他合作，把联想的传奇编写成了商业案例；而在同学们的质疑和挑战中，冯健渐也学会了反观联想，理解了柳总说的"跳出画面看画"。

课余的健渐，渴望着深入了解美国社会的运行机制和美国普通人的生活。为了能参与社区活动，他加入了威斯康星州的华人学者学生联谊会及各类社团，"我的Facebook、Twitter、IG、WhatsApp都是那时注册的"。他甚至还操作了一个当地的股票账户，以投资为手段，重新审视、分析他所熟悉的那些 IT 企业、竞品。

2008 年底，全球金融危机爆发。

那一年的圣诞假期，老领导、刚刚接手联想新兴市场的陈绍鹏遇到了冯健渐，既懂外语、又熟悉市场的他，成了当时联想稀缺的人才。他被联想 rehire（重新聘用）了！

梦再开始，已是身在维也纳。

冯健渐特别喜欢这座"完美的"城市——"世界音乐之都，神圣罗马帝国、奥地利大公国、奥地利帝国和奥匈帝国的首都。市中心古城区到处都是巴洛克风格的花园和宫殿。空气中都飘着莫扎特、贝多芬、舒伯特的音符"。

联想当时的国际化策略是"local for local"，尽量使用本地团队，因为要卖的是电子快消品，需要操盘手十分熟悉当地的消费文化和社会心理。

冯健渐是非常少有的、直接来做业务负责人的。像当年入职联想第一天就去西南区出差一样，他直接飞往华沙，跑客户、跑卖场。

"华沙，是中欧各国贸易的通商要道，自古繁华。虽然在'二战'中遭到严重破坏，但经过这几十年的修复，既有摩天大楼构成的天际线，车水马龙，又是世界上绿化最好的城市之一。"

原有的团队只做 ThinkPad，业务很简单。中国人冯健渐来了，就搞起了矩阵式管理，要兼做 Lenovo 品牌，卖

IdeaPad、IdeaCenter，有直销、有渠道、有零售终端店面。这是一个全新的体系，直接汇报给他的有十几个人，业务线有上百人。欧洲小国很多，一个国家一个country manager（国家区域负责人），跟着冯健渐学习渠道和卖场的管理。

这些欧洲同事，包括德国、波兰、捷克的，都固守着多年来IBM的流程套路，现在却因市场的变化而要做一系列调整，可以想象，这带来了各种顾虑和不满。尤其是后来健渐还陆续招了几个中国同事，更引起了团队之间的猜忌。

为了促进高管之间的融合，联想斥巨资为高管配备了coach（教练）。这些coach均为各大跨国企业的前高管，具有丰富的管理经验，他们不介入具体业务，但可以成为双方的"职场心理疏导师"，让彼此换位思考，帮助团队建立common goal（共同目标）。作为第三方，他们还能帮着两边传话，缓和矛盾，增进互信。如此三四个月下来，团队融洽了，业务顺畅了。

2010年初，联想在东欧地区的消费市场份额突破两位数字，团队都很兴奋。冯健渐开始筹划建专卖店。

合作伙伴是犹豫的：联想的产品线能否支撑一个单独的店面？联想的品牌影响力能否持续增长？专卖店的运营模式能否成功？……联想内部也是有顾虑的：专卖模式在中国很成功，但在国外一般都是在大卖场里设专柜，独立的专卖店在东欧从来没有过，投入产出划算吗？本地团队从渠道代理转向需要特别精细化运营的店面管理，会适应吗？

冯健渐做了细致的市场分析、财务预测、产品线分解，拿出了一整年的市场推广方案，落实到每个节假日、每个采购高峰，甚至每个周末的活动。为了找到合适的店面，他跑遍了华沙主城区的各条商业街；为招募店长，他前前后后面试了十几个人；所有的产品线负责人、市场负责人都被拉过来感受市场、参与卖场内容的设计；为取得尽可能多的共识，他开了一个又一个圆桌会议……

当年5月，联想专卖店在华沙弗莱塔大街隆重开业，联想成为第一个在东欧开专卖店的中国品牌。

带着团队开晨会、周会，升级改造IT系统，冯健渐把完善的店面管理体系用数字化的方式固定下来，提高效率，迅速实现了盈利，成了当地商业的中国样板。

进入欧洲、北美的主流消费人群，是拓展海外市场的这批联想人的追求。"中国制造，在许多语境里就是低端、廉价的代名词，中国人甚至都让人觉得不诚信、爱弯弯绕。我们就是想让大家知道，中国有高科技产品，中国商品、中国商人是可信赖、可合作的！"

冯健渐先后负责过联想东欧、中东、非洲的30余个国家的消费和中小企业事业群，2020年，公司表彰了他在全球范围内作出的杰出贡献。后来他又在新加坡工作了两年，负责联想在东南亚地区的消费电子业务，足迹遍布印尼、泰国、马来西亚、越南、菲律宾等国；还被派到过亚太—拉美地区，负责中小企业和成长型企业业务。这里既有成熟的日韩澳新市场，又有新兴的巴西、墨西哥市场。

"那是一段繁华似锦的日子，每日着正装，飞来飞去，入住各国的各类豪华酒店，每晚可以有夜宴。人居之都维也纳、眼花缭乱的迪拜、精彩神秘的伊斯坦布尔、干净有序的新加坡、喧闹的曼谷、再生的布拉格。那段岁月非常完美。"而这段完美的岁月，无疑佐证了冯健渐当年主动拥抱变化而远赴美国求学的积极意义。这带给他的不仅是一段学习经历，还有系统化和国际化的管理思维。有时候，暂时的放弃可能带来的是更长久的获得。

外派几年，观过了世界，41岁的冯健渐感觉自己不知不觉中有了新的世界观——人生有许多种可能，或许应该尝试换一种生活方式。

"我觉得自己不会因为地域问题而影响视野和思维；我认为不论身在何处，只要有互联网，你就可以接触到全世界。"

"你看过那些写逃离北上广的文章吧？写的基本上就是我们这帮人。我在云南那几年碰到好多从北京、上海、广州过来的，有的在昆明，有的在大理，有的在丽江，有的在腾冲。几年后这些人有的又出国了，有的重回北上广。我是过了5年，在2018年离开云南的，当然也有留下的。"

"我在云南有个农庄，叫'知味农庄'，有个公众号，你可以查一下。这是我到云南的第四年盖的，可以说是小资中产的终极田园梦。"

冯健渐在距离昆明 50 公里的地方，租了一片光秃秃的、什么都没有的山，100 亩地，他"生生地"盖了一个农庄，图纸都是自己画的，找施工队实现，花了几十万元。云南是梯田，他在山顶盖起自己的家，有起居室、客厅、餐厅、厨房，当然还有必不可少的茶室；往下一层是儿童乐园，有沙坑、秋千、图书馆和小动物园，给他的两个女儿；第三层是菜地；第四层是水塘，可以钓鱼；第五层是猪圈，养猪；第六层就是山底下的养鸡场了，养着真正的走地鸡。他雇了一对夫妇帮着打理，"那么多活物必须随时有人，天天要喂的"。

这个农庄，完全没有任何营利目的，纯粹是他自己的一个梦，以及"给孩子们玩儿"，顺便种点儿地，养点儿家禽、家畜。

冯健渐没有想到的是，猪和鸡的繁殖能力那么强，于是他开始卖猪肉、鸡和鸡蛋，在联想离职员工群里还推广过。在他的提醒下，我找到了自己买过一只鸡的订单记录。挣钱的是贵州小香猪，纯生态，一只 70 公斤左右，能卖两三千块钱。

"卖猪卖鸡的过程中，我慢慢地认识了云南当地卖农产品的一批人，又开始帮他们卖农产品。后来我在昆明开了个店，卖当地的农产品，店面有 100 来平方米，叫'新农人'。理念和后来的盒马很像，一半区域卖货，旁边可以堂食，绝对是新零售。"

听冯健渐回忆那几年的日子，感觉他恰如"不系之舟"，顺势而为，不断被新的模式、新的点子牵引着，日子一天天地向前。

"我特别喜欢乔布斯说的 follow your heart（跟随我心）。2013年离开联想时，我40岁刚出头儿，意气风发，总觉得应该做点儿顺应我心的事。做什么呢？因为我是师大毕业的，多少都有教育情结，人到中年看着孩子在成长，那种要为人师的冲动就起来了。"

"我兵分两路，一是创业。我在58同城上收购了一家幼儿园，是做教培的，专教小孩子画画写字，叫'苹果艺术'。我的规划是周一到周五的白天做幼儿园，周一到周五的晚上以及周六、周日的白天做教培，客户有延续性，充分开发、利用时间，从幼儿园毕业到小学，平滑过渡。此外，我还收购了一家少儿美术馆。"

"另一条线就是去大学教书。我到昆明后加入了北师大云南校友会，这里90%的人都是各学校的老师。云南师范大学正在找一些有实战经验的兼职老师，他们就把我推荐过去试讲。我主要讲 marketing（市场营销）、连锁零售管理，甚至还上过一门薪酬管理。我在海外读过 MBA，在联想又主要搞战略运营、市场营销，有理论、有实践，很受学生欢迎。"

"云师大的学生基本都是云南本地的，云贵川加广西能占70%—80%，都属于西南地区，是我最早跑市场的那一片儿，这些子弟我看着就亲切。我教了千八百名学生，都是大二和大三的。"

大学城在郊区，去一趟很不容易，冯健渐就把课都安排在一天，一天上8节课，一套PPT讲4遍。他觉得最有激情的是下午的五、六节和七、八节，上午三、四节的时候还没有讲出感觉，晚饭后再上的九、十节，"真的有点儿累"。

"我特别喜欢跟学生互动。第一次上课我就把我的微信二维码放在PPT上，让他们扫，有什么问题随时问。这一点很让学生们惊讶。

"他们知道我只是学校的兼职老师，但我有更广阔的视野和丰富的阅历，像一个大家族里走出去的、有见识的亲戚，可以给他们出出点子、拿拿主意。课后交流中，很少被问到学术问题，大多是要不要考研、要不要出国、要不要创业这种关乎人生大方向的事情。

"因为我经常在课堂上跟他们讲创业的一些思路，讲市场营销的时候会提及很多公司的案例，这激发了这些年轻人创业的想法，我也帮他们融过资。这个过程，对于我来说真是教学相长。我从他们身上学到很多新鲜的、可落地的想法。"

"教书是真不挣钱，45分钟才60块钱。"

因为每周需要在固定的时间往返数十公里从内城到郊区的大学城授课，健渐想开顺风车节约油费，为此注册了滴滴打车。

2016年12月底，他写过一篇长文记录这段经历：

"我算优步中国的早期用户,他们还没进中国的时候,我就看过他们的英文版App。然而第一次在北京用过后依然被震撼,惊为天人,爱不释手,打车的体验感完全被颠覆。

"记得第一次打开滴滴打车App接单是一个周六的清晨,昏暗飘雨,我不知道会接到谁,不知道会去哪里,一瞬间那感觉像极了自己的心境。当接到订单的'滴滴'声响起,我很不熟练地应答;当乘客上车,我说了一句'您好!'我尽量开得稳一些,心里有点激动。那一天开了4个小时,做了5单,挣60元。我没想到自己会入这行,更没想到的是以后我竟会这么喜爱。而这,又不是因为多少钱。我入行的时候已经过了网约车的红利期,我仔细算过,在我这个城市开网约车,每小时平均挣不到20元,甚至低于我们家政公司的阿姨的时薪。然而一段时间不开就会手痒,一度每晚7点出门,12点回家。

"记忆中在一个偏僻的城中村里拉过一对去急诊的母子,大人小孩都在车上哭。我一路边安慰边闯红灯、逆行、超速赶到医院。后来被罚了款,几天的收入都上缴了。但是,我还留了电话,告诉她们如果需要到北京治疗,也许我可以帮忙联系医院,后来母亲还回过电话表示感谢。在几乎相同地点拉过两个做DK币的,两人以前也都是有正式工作的,但现在要么生意不好做,要么曾被骗。遇到他们之前,我还真没听过什么叫DK币,他们津津乐道地给我描述如何去'挖金矿',这种虚拟货币如何升值,这个城市有多少人正在参与，又有谁挣了大钱。有深夜应酬回家的药品公司销售员、保险员，一定要留我的电话，并加微信以便保持联系；有外地过来旅游的老乡，亲切得不得了，问我上哪里玩耍、买什么特产好；有公司职员，彬彬有礼，我会多聊一阵，因为我也在招人；甚至还有我创业公司的客户，就顺便做个暗访。拉过很多没毕业或刚毕业的大学生，大多有各种人生困惑，不知道毕业去哪里生活、做什么或者下不了决心是不是要考研。这个时候我心有戚戚，会说很多，都是自己过往的经验教训。甚至有咨询如何学英语的，就教他们放 BBC、WNYC 或者 VOA，他们很惊讶，也许他们从来没见过可以听英文广播的司机。

"我到过很多以前只听说过但从未见过的小区，仔细对比也会更了解这个城市的人口分布，哪些人会住在什么地方，甚至几点到几点什么地方可能会出没哪类人。作为一个异乡客，我更了解也更融入这个城市了，更多的市井百态摊开在面前，如果我是画家，也许可以画一幅这里的《清明上河图》。"

开网约车上瘾的健渐热情地讴歌着互联网带给普通人的机会——

"透过滴滴、优步，我已然了解未来的机会和潜能，知道只要勤奋，可以不凭背景关系，依然做一个你想做的人。"

"自信不仅来源于你知道可以有这些做事的平台，也来源于你知道可以凭智慧挣更多的钱。"

"每周我只能开一小段时间,就给自己设一个小目标,如果突破了总会很开心。每一份工作都有它的窍门和规律,要刻意去学习、磨炼、总结,在哪里你都不会平庸。"

"有一次我偶然接了一个国外朋友的电话(我的车有蓝牙免提功能),说的是英语,乘客很诧异。也许在他们心中,司机并非一个高大上的职业。对我,月入10万元抑或只挣1000元,都没有什么可以自大或自卑的,永远需要以谦卑的心态积极地生活。在服务行业,你首先需要用优质服务满足顾客并赢得信任,然后去尝试改变,改变这个行业或者去改变顾客的认知、提高他们的素质,相信不论在何处你都可以影响这个世界。"

刚结束数年海外生活的冯健渐,在前沿行业、顶尖公司一直是白领,甚至可以说是金领。而网约车司机这样一个角色给了他重新认识世界和反思自我的机会。

"我这些频繁的'变化',首先是内心深处的叛逆。我父母都是大学老师,对我要求很严格,我从小学开始就是上的当地最好的,初中、高中、大学,包括联想,都受到了非常正规严谨的训练,整齐划一,就像斯巴达克方阵。经历了国际化、互联网,看到更广阔、丰富、多元的社会,我不可能再那么循规蹈矩了。总之,我渴望尝试新的业务机会、新的生活方式。"

那几年正是"线上到线下"(O2O)盛行的时候,北京、上海涌现出来的新商业模式,远在西南一隅的冯健渐都会认真地研究、推演一遍，如何利用空间差打个时间差，搭建业务框架、带起队伍、走通流程、形成生态，"两三年后，或者我做大了，或者就能被大厂收购了"。

家政是个刚需，职场人感受痛点很容易，一时也出了不少明星公司，如e家洁、一帮一家洁等。冯健渐也成立了一家，在昆明首开网上下单之先河，客户在公众号里就能下单，线下服务，线上支付。

"当时一是为了节约成本，二来也不知道该招多少人，所以经常出现闲时一堆人坐着、忙时人手又不够的情况。人手不够，我自己就拿着墩布、毛巾亲自上阵了。"

"还有一次客户要求两个人上门，公司只剩一个阿姨了，我就跟着她一块去了。一开门是谁？是我们系主任。我当时正在面试云师大。我们两个人都惊呆了。系主任说：'你干吗来了？'我赶忙解释我开了一家家政公司，搞得系主任相当尴尬。"

"低到尘埃里了。"联想同事评价那时的他。对比一年前还在海外担任世界500强企业的高管、出入五星级酒店、拿着白金卡的空中飞人，落差确实有些大。但冯健渐从未觉得有什么不好，"尴尬的是别人，我不尴尬"。

昆明的朋友说他是斜杠青年，同时干着几项业务，东拼西杀，绝对不是想象中的在彩云之南悠哉躺平。

永远是行动派，边行动边思考，在执行中校正战略，是联想的一贯风格。

在云南创业的三个项目，虽然小微但都盈利。健渐离开昆明时把家政公司"送"给了骨干员工、一位有管理才能的阿姨，这家家政公司目前仍在运营。美术馆和幼儿园，也是无偿转让给了团队中的优秀员工。

能够切实地扶持起三个本地的"小企业家"，健渐感到非常满意，"授人以鱼，不如授人以渔"。

"在归国的几年里，我看到更多中国普普通通、勤恳善良的百姓，他们挣扎求生，除了双手几乎一无所有。我尽可能用自己的知识和阅历去帮助他们，让他们在社会上靠自己的努力安身立命。""我相信一点一点的改变。每前进一点，每改变一点，就更有希望一点。很多时候我们一开始并不知道要走到哪里，但走着走着就会发现新的机会与道路。"

2018年，再度回到北京，冯健渐进入了一个全新的领域。

在云南卖鸡卖猪卖农产品的经历，把他推到了国家级农业产业化的龙头企业、中国最大的饲料生产企业——新希望集团。新希望于1982年成立，已有10万人的规模，30多年没裁过员，已经有农牧与食品、化工与资源、地产与基础设施、金融与投资等多个业务板块，集农、工、贸、科于一体。公司创始人刘永好十分认同联想文化。

健渐非常欣赏新希望"为耕者谋利、为食者造福"的经营理念，决心投身打造世界级农牧企业的宏大事业中。他当时的心态正应合了这个公司的名字——对于新的领域、新的职业机会，他满怀新希望。

2018年，全世界都在防范"非洲猪瘟"这种既急又烈、死亡率高达100%的传染病。我国猪产业年消费量是7亿头，平均每人一年要吃掉0.5头猪。这个万亿级的市场迎来了号称"千年不遇"的机会。

而此时的冯健渐是新希望集团猪产业的参谋长，相当于COO（首席运营官）。新希望有许多军事化的称谓，如HR head（人力资源负责人）就称作"政委"。

新希望集团猪产业的核心管理层用短短一年半时间，把团队从2500人带到4万人，产能从2000万头提升到6000万头，业务面覆盖之广、发展之迅猛、管理之复杂，堪称奇迹。

更为难得的是，在这个平台上，冯健渐还遇到了一群志同道合、年龄相近的人。正是干事儿的年纪，大家三观相同，能力互补，作为一个团队快速建立起了极大的信任。2020年10月，他们一起从北京去了南京，开始二次创业。

激情燃烧了一年多以后，"猪周期"结束了，行业开始巨亏，一个月亏几个亿。新老团队之间、职业经理人和创始人之间，关于战略、投资、运营、队伍、组织等方面的分歧逐步增多，最终大家都离开了那个平台。

冯健渐不太爱评论人。做业务、做战略的他更多是从市场角度分析兴衰时势。"猪产业，同质化严重，咱们99%吃到的都是大白猪。你说的黑猪、乌金猪不到 1%，属于小众的猪，养它们的成本极高。""有情怀的丁磊养猪也就是比别人多养两个月，料给得稍好点儿。喂的什么料，长什么肉。"

我从健渐这里第一次了解到现代化养猪是如何的高科技。

一个猪场投资都要几个亿，猪圈恒温、恒湿，风速不能太快也不能太慢，要考虑猪的高度，躺着 10—20 厘米、站着 50—90 厘米。一个猪场七八千头至 10 万头猪，便物处理量相当于十几万人的小城市，如何排污、如何净化空气十分重要。还有猪脸识别、红外热感应给猪测体温、AI 成像大数据计算猪的数量。阿里、京东、华为都有"猪养殖智能管理解决方案"，毕竟这是一个万亿级的大市场，仅毛猪市场（不含猪产品加工，如火腿肠等）就比手机市场大。然而无差异的产品竞争也在伤害这个产业，"天天讲降本，全国一口价，随行就市，不管你养得多好，都没有溢价"。

"精准求实"，不浮夸，"讲 fact（事实）而不是 opinion（观点）"，是冯渐健在联想这些年学到的最重要的职业操守。"IT—教育—猪"，不论处顺境还是处逆境，他都是这么践行的。

如今的健渐已到知天命的年纪，但依然有着很强的少年感，在温和真诚的外表下，是仍然坚定、热烈、充满激情的内心。他目前的新赛道是新能源，做光储充业务。健渐感慨 IT、互联网等领域过度追捧年轻人，职场上 35 岁 + 就要被嫌弃,"单纯考虑低成本,不仅会让我们这一代的很多人在职场不能发挥最大价值,也会影响年轻人的职业选择"。

他还十分热心参与社会活动,是多个社团和小组的组织者,在昆明、深圳两地还曾担任政协委员。要不是这次交流,我都不知道我们联想的离职员工群"传奇社"是他和另外7个前同事在2015年共同发起、创建的。工作之余的他,一直是各个同学会、读书会、兴趣社区中的活跃人物。

有能力、有经验、有资源,更难得的是还有未酬的壮志雄心。"作为个人,我不曾辜负时代给予的机遇,无一刻虚度。多年前的学生、许久未见的同事,时不时就会有人来找我聊聊,互相碰撞,总有一些火花。我希望自己是一团火,可以照亮混沌的世界,给他人以温暖。"

包海东
和绚丽无关

第一次和包海东视频交流了 3 个小时以后,我就认认真真地上网,重新学习了一组英文简写的"三字经"。因为包海东告诉我:"做 TPM 时,我只要看到不了解、不清楚的英文简称,一定会先弄明白全称,再认真去理解它的意思。"

他说的 TPM 是个工作岗位的名称,Technical Project Manager,就是技术项目经理。包海东在联想主要从事的就是这个岗位,离我们做产品推广、品牌宣传的很远。

讲述包海东的经历之前,有必要先普及两个词:OEM 和 ODM,非 IT 制造业人士不一定分得清楚。

OEM 是 Original Equipment Manufacturer 的缩写,就是原始设备制造商。最典型的就是富士康是苹果的 OEM,苹果授权富士康贴牌生产,富士康按照苹果的要求生产产品,技术、关键设备等均由苹果即富士康的上游品牌厂商提供。

ODM 的全称是 Original Design Manufacturer，就是原始设计制造商。ODM 高级了许多，拥有原创设计能力，可以按照品牌方的要求、定义，提供从设计到组装等一系列服务。ODM 自主权高，利润也比 OEM 更高。

在全球电子制造产业链中，普适性最高的代工模式是 ODM，20 余年来它一直是产业链中不可或缺的部分。

目前国内智能手机领域的 ODM 三巨头是闻泰、龙旗和华勤，离开联想后的包海东先到了闻泰任职，后来又去了龙旗。他告诉我一个八卦："这三家公司的创始人原来都是中兴的。"

包海东是在 2018 年被闻泰挖走的，过去负责笔记本事业部。2023 年又被龙旗请去，"还是做笔电的负责人。我的职业生涯一直就是做笔电"。

"笔电"是笔记本电脑的简称，英文是 Notebook，简写起来是 NB。其他联想同事在微信里向我介绍包海东时，是这样写的："老 NB 人"，第一眼看得我一愣。

包海东，毕业于哈尔滨工业大学，是工业电气自动化专业 1998 届的。"那算是最后一届包分配吧，我很幸运，分到了中科院电工研究所。单位位于中关村北二条，就在中科院计算所附近。"

他家是江阴的，隶属江苏省无锡市。一个南方人，在东北读书，分配到北京，初来乍到，一没亲戚二没朋友，住在单位宿舍，是那种"独在异乡为异客"的感觉。为了排遣寂寞，包海东每天下班路过报摊，就会把当天所有的报纸都买一份。"有许多IT行业的报纸，一块钱一大摞儿，我看得认真，见得最多的是联想广告，万元奔腾，是电脑引领者。当时感觉能做电脑的公司都很厉害。"

同宿舍有位小伙伴先跳槽去了联想笔记本业务，但人还借住在宿舍里。有一天他带回来一个内部信息，他们部门有计划迁往上海，作为一个北京人，他很纠结。而包海东听了则很兴奋："我愿意去上海啊，离我家近。"舍友说："那你准备份简历吧，他们招工程师。"

那是2000年，包海东北漂已有两年。挂念父母、妹妹的他经常为逢年过节买不到火车票而发愁，一个完美的机会摆在了他的面前，既能进向往的联想，又有可能去离家近的上海工作。

这些年，我见多了中美、中加异地，还有京沪、京杭双城记的IT、互联网从业者，大家为了事业、生计奔波，都不容易。包海东是极少的、直言恋家的男士，他说："和家没有连接的话，不踏实。"

经过内部推荐，包海东很顺利地到联想应聘。面试他的是笔记本事业部负责研发的总监王再跃，毕业于东南大学，比他大不了几岁。12月，包海东入职了，入模子后的指导人是于叶。于叶从清华大学一毕业就来了，和包海东差不多大，司龄却早了一年多。包海东那时能见到的"老联想"都很年轻。

办公地点是上地的先锋大厦,岗位是测试工程师。

"2000年,联想笔电的研发主要就是测试,根本没有能力做电路、结构设计。那时公司的研发重点主要还是在台式机上。我们笔电处于初创阶段,产量太小,在产业链中的地位很低。"

"谈研发、谈技术创新,在一个连生存都困难的时期是奢侈的。"

包海东加入联想不到半年,即遭遇了IT寒冬。历史记录里,这个繁荣纷杂的行业,满是泡沫与脆弱——

才兴起不久的三大门户新浪、搜狐和网易差一点儿就坚持不下去了,IT软硬件企业的裁员大潮席卷全球,朗讯科技、北电网络、阿尔卡特、爱立信……连从不裁员的IBM都开始实行末位淘汰制。

朔风中还夹杂着许多争执,微软垄断案,英特尔和AMD、威盛的芯片大战,惠普要收购康柏,方正闹起股权之争,中美黑客大战……

"液晶+奔4"是2001年夏季绝对的爆品,以TCL为代表的家电厂商强势进入IT领域,激烈的竞争导致液晶显示器的价格一路狂跌……

"所以我入职没几个月,2001年6月,乔松就号召大家到一线去,充实营销队伍。我下海的第一课就是活下去才是硬道理。"

"那时的我刚入职，既不是研发骨干，又年轻没成家，下大区首当其冲。记得当时使用的都是战争语汇：硝烟弥漫、阻击战。"

包海东被外派到西南区任笔记本产品经理。"那时笔记本不是最重要的品类，我的工作就是盯着几家渠道商日常的进销存。"

"在大区要自定目标。刚去时，我也不知道要怎么干，天天到办公室给渠道商打电话了解销售、存货情况，然后做汇总表。"

当时西南区的大总是夏立。

"我爱打乒乓球，公司有个乒乓球案子。连续几天中午饭后，夏立都看到我在那儿，就训了我一顿，说'从来没看到一个销售整天坐办公室的'。后来我的直线领导王峰也很认真地找我谈话，我才意识到自己有问题。"

"我开始背个双肩包出差，跑云贵川，配合分销商做各种促销活动。就是不停地讲产品，和渠道讲，和大客户讲，和当地的媒体讲。西南区有不少IT媒体，像《电脑报》，那时的地方都市报也都有IT版。"

"市场风云变幻，联想的组织架构跟着变化得很快。到了年底，5个大区要拆成18个分区，王峰建议我留在西南区，说成都业务基础不错、生活巴适。但我执意要回笔电事业部，我还是习惯待在实验室。"

原计划春节结束外派后先回总部，但"年前的那一周，我接到了妈妈的电话，父亲住院，都下了病危通知书了，要我立刻回家。我父亲是因为支气管炎引发了严重的咳血，看着别提多吓人了"。

这一场惊吓让包海东进一步坚定了到上海去的决心。2002年春节后，笔电业务终于开始了上海大搬迁，包海东两年前的潜心规划得偿所愿。

因为照顾了父亲一段时间，等他到浦西长宁区思创大厦28层报到时，一切都已安顿好了。"听南迁上海的北京员工说，他们一起来的有十几个人。一起坐火车到上海的那天，正是大年初五，出火车站时迎接他们的是满街的鞭炮声——南方的风俗，放鞭炮、迎财神。大家觉得非常吉利，果然笔记本业务到上海后一直都是往上走的。"

"外派的总共有30多人，都住在办公楼附近的几个小区，上班基本都是走着去，下班也混在一起，过的简直就是大学一样的集体生活。"

联想对从大区回来的员工有个政策，可以转岗，不一定要回研发。"其他几个大区回来的都选择做产品了。但我觉得自己就是个做研发的，对研发比较熟悉，我就没有转，好像就我一个人没转。"

在上海负责笔记本业务的是上海本地人夏旸，说话做事都很海派，有着明显的IT精英范儿。

"记得夏旸专门开过一次会，提醒我们这些做研发的要注意着装，不能穿拖鞋上班。我倒是不会穿拖鞋，但比较习惯穿 T 恤。"

"做研发的工作时间长，得怎么舒服怎么穿。但要是让我见客户、有正式会议要求，我也可以穿白衬衫和西服，打领带。公司怎么要求，我就怎么来。"

包海东的面相，有着江南人的温和，圆头阔脸、笑不露齿的那种。但在吴侬软语的淡定中，你能感受到他是明确的、坚定的，是天然让父母、领导、身边人感到安心的那种人，有他便不慌张。

到上海工作后，包海东回家方便了很多，到江阴的火车就一个多小时。经过积极有效的治疗，当过兵的老父亲顽强地挺了过来，直到现在身体都还不错。

2003 年，包海东在上海成了家，2005 年有了儿子，生活在预期的轨道上平稳前行。他在同事中较早买了车，这样周末便能更经常地回家看看了。"我爸妈也经常来上海看我，我家的工厂有些客户也是在上海的。"不经意间，包海东透露出他是个"厂二代"。他的手机铃声是热播剧《繁花》的主题曲。他说看的时候特别有感触："我妈妈就是做服装、开外贸工厂的，那真是一个大时代。"

大时代里的跌宕起伏是惊心动魄的。

回首看似一路高歌猛进的联想，实际经历了许多困难。电脑这个市场是被所有国际品牌杀到家门口的，IBM、惠普、康柏……没有不重视中国这个大市场的。宏碁一度势头很猛，戴尔的直销模式给了联想很大的压力，国内还有许多不错的品牌，紫光、同方、方正……

包海东说："我当时在上海，感觉还是蛮好的，可能是职级低的缘故吧。市场上风云变幻，公司经常性的调整，似乎都和我关系不大，我只关心自己手上的活儿，我一面做事情，一面想我应该学到些什么。"

"那时不仅我们不会做，所有的中国企业都不会做笔记本。我最开始负责的是光驱，对接日本松下、索尼、TEAC这几个厂商。当时用的大部分部件是美国的、日本的，还有中国台湾的、韩国的。人家把技术把得死死的，从他们那里学不到真东西。"

"最初，我们连怎么测一个光驱、如何判定它合不合格都不知道。而且那时用户使用的盘片很多还是盗版的，质量参差不齐。ODM在与东芝、康柏、惠普等大企业合作的过程中，已经定义了测试的方法，但就是不告诉我们。针对中国市场的实际情况，他们也不做改变。"

"什么叫落后？这就叫落后。中国高端制造业真的是从一穷二白起步，中国企业就是从那个落后的时期过来的。"

包海东特别理解、钦佩"两弹一星"的英雄，因为"我们做商用产品其实也是一样的。等我们摸索得差不多了，想和他们确定标准，他们还会说你这不对、那不行，但就是不会告诉你什么是可行的。那种压你一头的语气、语调，真是让人难忘"。

"笔记本主板、模具、散热设计是很大的技术难题。那时就是从三洋、日立、MITAC、仁宝等地方拿来一个'公模'，里里外外都是 OEM 别人的，换上我们能买到的 CPU、内存条、硬盘，一样一样地测试。"

"一度，大家最迷茫的就是'我们向谁学习'。我们只能靠自己摸索，不断拆机、测试，听质控、销售的反馈，开小组会、互相提问，一两周就大碰头一次。都是笨功夫，但能力就是这么提升的。"

"很快，我们就开始自主定义笔记本光驱、音频、无线网卡的规格了，这些都是关键部件。同时，我们开始做整机的测试策略和计划。"

"当时广达和我们合作，only for（独家）我们做了一款基于游戏需求的 17 英寸宽的产品，但是这个在当时太高端了，没卖出去几千台就宣告失败了。失败了，也是我们迈出的重要一步。"

那一年，联想上海分公司搬到了浦东张江新区，新大厦位于张江地铁站对面，一共 10 层。笔电事业部占了 8 楼一整层，景观非常养眼。

"父母曾经考虑过让我继承家族产业。我的不少发小、初中同学都是帮家里打点生意。我们时不时会聚一下，他们总说我和其他同学不一样，大家都聊房子、股市，我聊的都是技术发展趋势、经济大环境、企业管理。他们觉得那简直是另一个世界的事情，差异太大了。"

"按我们研发的思维，任何一个行业潜心进去，都有无限上行的可能。但我发现中国许多挣到钱的企业,都不会潜心搞研发。因为投入周期长,知识产权保护又不到位,风险太高,而投入其他方面的红利太大了。"

"像服装制造,从欧洲、日本到中国香港、中国台湾,再从沿海迁到内地,现在又到东南亚,一直就是在利用人口红利,这不是技术驱动,不是解放人。"

"传统行业的中小企业在管理上也很难跨越,所以我家在2010年前后就把工厂卖掉了,现在看父母当时的决定,在大趋势的把握上还是很正确的。"

包海东认为他经历的不仅有大时代,还包括联想所在的IT行业,本质上是从技术、从管理的角度在追求更先进的东西。所以他一直相信"科技是第一生产力""科技以人为本",相信这些是能够改变世界的。

虽然包海东只是一个小小的研发测试工程师,但置身于这个领域,他是有成就感的。

联想在市场上的腾飞,对笔电的长期战略投入,极大地提振了团队士气。"2004年推出了13英寸宽、轻薄款的天逸Y200,是和广达合作的,全世界就我们和索尼有这个尺寸,一下子感觉就不一样了。"

"那几年,我们陆续推出的新品很多,一款量产上市的产品背后至少有10款工程机样。有的是技术不成熟,有的是价格太贵,失败有各种原因,但创新是被鼓励的,市场上有反馈,同行会跟进,这些都很让人兴奋。"

其中最具创新性和引领性的，包海东认为是"宽屏＋无线"，最初就是应用在那款 13 英寸的产品上的，和主流的 14 英寸机型相比，它因内置光驱而更加紧凑小巧、讨人喜欢，成为 2004 年春节时的"爆款"。

"联想笔电是最早引入 16∶9 屏的，也是最早引入无线上网技术的，并推动它成为主流配置。虽然当时联想在技术上还不是那么领先，还不具备完全自主研发的能力，但决策层敢于尝试，能引入产业链上最先进的技术，很了不得。"

已经是研发骨干的包海东开始有较多海外出差的机会，由于户口在北京，办签证很不方便。2003 年，包海东主动找到户口所在的中科院。"所里说：'那你得交 5000 元的违约金。'我这才知道，原来我还一直占着个珍贵的指标。我到中科院交钱的时候，窗口的办事人员一再地问我：'真的要转吗？'当时放弃北京户口的实在是太少见了。"

"后来，上海越来越繁华，联想笔电也越来越好，说明我的选择都是对的。"

"我那时还是基层员工，感觉领导、采购的同事真是挺厉害的。我们要用到的部件几乎都要去和巨无霸企业谈判，三星、索尼这些都是世界 500 强啊，很难搞的。当时联想还很弱小、中国企业都不够强，哪里有'厉害了我的国'这样的自信。"

"2000 年我来联想时，笔电的销量刚从 10 万台冲到 20 万台，之后从 20 万台到 30 多万台花了 3 年的时间，2004

财年就冲到了 40 多万台。"

"除了数量还有质量。2000 年时，国内的笔记本厂家，不管是联想、方正还是同方，年返修率都在两位数以上。到了 2004 年，联想就已经降到了个位数并且持续下降。产品质量我们对标的已经是东芝、惠普这些国际大品牌了。一个品牌崛起的背后是一个完整的运作体系、综合实力。"

联想笔电的研发也进入了新阶段。"终于可以自己定义产品了。一个机型就卖几万台时，你想定义也出不起模具费啊，一套模具就得五六百万到上千万元。只有单款卖到 10 万台以上，这事儿才敢想。"

回首当年，包海东也有许多的惘然。"供应链一直是台系主导，市场上的国产品牌开始有长城、联想、方正、同方等许多家，但最后只剩下联想一家孤军奋战。要带动整体产业链的发展，需要有一大批品牌才行。像现在的手机、新能源车，就是有很多中国品牌共同崛起，才能够带动整个产业链条。"

"等到联想市场地位高了一些，我们才和微软、英特尔等行业巨擘有了较多的技术交流。笔电这个行业长期追随 Wintel 架构，大的顶层设计一直掌握在别人手里，就很难。"

那时，包海东他们最大的研发目标是把笔记本的厚度做到 10 毫米以下、重量 1000 克以下、电池续航时间超过 10 小时。"已经非常困难了，研发能力真是无法揠苗助长。我们能掌握主板、散热、电池的评估方法，全是靠销量的积累,有大量数据反馈才可能尝试去定义产品。"

"喇叭、无线网卡,这些部件,联想都是靠自己的摸索才定义下来的。产品、测试、验收、质控的能力,也是不断总结沉淀出来的。"

没有参照,没有捷径,利润微薄,进步的代价是惨烈的,就是靠一城一池、一步一挪。

那几年中国笔记本市场上的竞争态势非常微妙,联想和ThinkPad交替领先,份额都在17%、18%,直到2004年联想收购了IBM PC业务。

收购前的ThinkPad品牌,对包海东这样的本土笔电研发人员而言,那就是顶级存在,它一直被定义为"商务终极利器"。

"不能说咱们那会儿是小学生吧,但也是高中生看到大学毕业论文的那种感觉。在这个过程中,联想收获了1500多项专利,进步是跨越式的。"

这一场被称为"蛇吞象"的并购,让联想大大缩短了在黑暗中摸索的过程,但甄别、学习、吸收的过程也绝不容易。包海东和他的同事们接受了一系列的"继续教育"。

"我最喜欢当年联想内部主页上的learning频道,能够自学。IBM那套IPD(Integrated Product Development,集成产品开发),特别有助于提升团队整体效率。这一套和华为现在用的是一样的,华为是通过请IBM做咨询学到的,两家企业运用起来各有所长。"

国际化中全员学英语，是许多联想人难忘的记忆。包海东说："我看技术文档是没问题的，但完全把英语当工作语言还是挺有压力的。公司安排我参加了好几期培训课程，周末上课，华尔街英语、英孚我都上过，课程挺贵的，公司真是没少花钱。但最直接的练习还是开会、con-call、写全英文的 PPT，还有日常 E-mail 往来、汇报都是英文的。我感觉强化了一年，听说读写的能力就起来了。"

"IT 这个产业是基于英文的，发展得又快，很多专业术语我都是先知道英文，不知道中文是什么。没办法，就是这么一路跟在人家后面吃土成长起来的，先跟上再说。"

"学习这方面我还是有点儿天赋的。不懂的我就一定去搞明白，打破砂锅问到底。我在中科院工作时就开始上网，很早就会借助网络搜索去学习，获取专业知识。"

并购后的研发是"一层老外一层中国人"，包海东的项目总监是日本人，交流要用英语。"我开始真有些怵去汇报。但我发现，只要是讲笔电的日常业务，就不用特别准备，我能脱口而出。虽然当时联想自研的程度还不够深，但一个笔记本电脑怎么设计和生产出来的，我们还是钻得很透的。有专业自信就敢说，越说越流利。"

"我在笔电事业部，领导换了几任，乔松、夏旸、张晖……团队一直蓬勃向上，凝聚力很强，运营的刘春、研发的常程、市场端的白欲立和杨俊……"

"常程管笔电研发的那段时间，对消费笔电的影响非常大,奠定了许多笔电研发团队的 DNA。"

作为当时联想为数不多的博士,常程 2004 年从北京总部外派到上海,增强笔记本研发力量。"他每天都是最早进公司,六七点钟就来了。年轻、自律、很拼。"

"他非常注重方法论,除了研发本身,还引导我们关注产品设计、客户洞察……这些都超越了常规研发岗的要求,但格局一下子打开了,能够从更高、更广的视角看研发,这一点对我个人帮助很大。"

《高效能人士的七个习惯》是那时联想人的必读书。"我前后完整地学了两遍。国际化后,有一位叫汤姆·谢尔(Tom Shell)的 SVP(高级副总裁)也专门推广过这本书。我最深的感触就是要学习和尊重方法论,在自己的工作中不断去践行,这样能够让你快速看齐行业的最佳实践。"

"那时新项目很多,项目经理的培养赶不上立项速度。领导估计是看我下班算早的,有新项目找不到人,就让我先兼管一下。我最多同时管过 3 个项目,居然也都按时交付了,而且还感觉比较轻松,这说明我做项目管理的效率还是可以的。"

"项目管理中的成本意识、预算管理,还有风控,都很重要。我很早就考了 PMP(项目管理专业人士资格认证)。由于我的项目管理业绩一直不错,2005 年的一次组织变动中,上级提议提拔我,这让我真正意义上从一个工程师成长为 TPM 团队的负责人。"

职责的变化，让包海东要从产品立项开始，完整地承接产品规划，建立研发各领域完整的项目组，再通过例会机制，让所有人达成共识、推动落实。之后短短 3 年时间里，包海东带领团队完成了超过 20 个重大项目。

伴随着供应链的发展，联想的产研已是全球资源配置，要协调的部门、合作企业遍布世界各地，晚睡早起地开会成了研发团队的常态。

"我没上过商学院，我的管理能力都来自实战经验，理论加实践，边干边思索，感觉都很容易理解。"

"我比较注重动手能力，新人来，我首先就会要求他们动手拆装机器，起码不能多个螺丝、少个螺丝什么的吧。"

"这个过程最能消除对技术的恐惧感，与厂商沟通时，你会非常清楚这个架构是什么样子，哪个模块在哪儿。"这恐怕和包海东做测试出身有关，什么高大上的创新设计，他都想掰开揉碎搞明白。

"TPM 一定要懂技术，不是只管项目，要永远记住 T 在最前面。"

包海东管理的联想消费笔电系统开发团队，从最初的十几个人发展到 50 多人。"2007 年，和仁宝合作推出 14 英寸雪山版笔记本时，联想笔电无论是从产品设计，还是品质、性能上都可以和世界一线产品比一比了。雪山本卖得很好，A 面是白色的珠峰。"

后来有了两条引领业界的产品线——轻薄创新的 Yoga

和从"彪悍的小Y"开始的游戏本,包海东都是从第一代产品就开始带领项目组不断创新迭代、保持领先的。

"我们每年都会收集大量的产品设计灵感,进行筛选、评估,对有价值的想法,就会投入资源去做预研,能做到提前两代预研产品。这几年看到很多上市的新产品,有联想的也有友商的,有些设计都是我们那个时候创新团队曾经尝试过的。"

"当然还有一些很好的设计,因为当时技术不够成熟或者是成本过高,不具备量产性而没有持续跟进,想起来还是挺遗憾的。"

从最开始只能做一点简单的测试、改个logo(标识)就拿出去卖的OEM阶段,到通过管理ODM完全实现自主研发,再到拥有自主品牌、研发、生产、全球销售,包海东亲身见证了联想笔记本电脑的销量从十几万台到突破2000万台,走上巅峰、成为世界第一。

"从青春年少一路干到40岁了,我才开始想应该去做些不一样的事情,再拓展一下自己。"包海东挠了挠头,"还是有点理想,理想主义害死人呀。"

一直非常稳定的包海东,人到中年,没有一丝困惑和迷茫,和别人感受到的中年危机不同,他的内心涌动的是自我突破的渴望。他目标清晰,脚步坚定向前。

包海东最终的选择出乎大多数人的意料——从甲方到乙方。

到乙方去，一个重要原因是包海东看到了行业趋势，"当时全球经济一体化正值顶峰，笔电产业链正处于从中国台湾向大陆全面转移的阶段"。

那是 2018 年，移动互联网方兴未艾，中国产业链欣欣向荣，大家都充满了干劲儿。手机 ODM 都想乘胜拓展笔记本电脑业务，从甲方挖人很积极。

向包海东发出邀请的闻泰科技，那几年真的很猛，三下五除二在手机 ODM 的竞争中打败了迪比特、HTC 等中国台湾厂商。智能手机主营业务形成规模之后，他们开始考虑进军笔电赛道。

离开联想时，包海东的职位全称是"联想中国研发中心笔记本系统开发部兼创新设计部总监"。

我一直有个观点，能被乙方挖的甲方，至少说明三点：首先这个人是有真才实学的，不是靠平台的光环，而是靠专业能力赢得了乙方的认可；其次这个人一定是品行端正的，那种吃拿卡要、索贿受贿的，是不可能被乙方老板请过去重用的；最后这个人还是亲和的，能与乙方平等交往，是真正的合作伙伴、朋友。

"笔电 ODM 以前就说跟我合作很愉快，我一直觉得因为我是甲方，他们多少有些恭维的成分。现在我自己到了乙方，一番体验下来，觉得他们应该是肺腑之言。换位思考，这和管理 ODM 的理念有很大关系，能做到轻松愉快地合作，需要有正确的判断能力，在关键链条上明确各自的分工和特长，人家 ODM 强的地方就多放手，要关注薄弱领域，比如项目团队里是不是有不靠谱的人？系统性的对接是否到位？"

"作为甲方，重要的是支持乙方、帮它连接甲方掌握的资源，整体集成在 ODM 那里。当然，这个前提是知己知彼，不能等对方出了问题再去补窟窿，如何把握是项能力。"

"站位正确，事半功倍。多思考如何让 1+1 大于 2，激发对方，而不是控制，对乙方、对下属都应该这样。"

"乙方的福利待遇肯定没有联想好，办公条件、差旅标准都有差距，最直接的体现就是出差住不了太好的星级酒店了。我不太计较这些，我还是愿意多做一点儿事。"

"工作压力、强度比在联想大多了，好在我们这个行业从来没有轻松过。"

闻泰科技请包海东担任笔记本事业部的总经理，负责整体的管理和产品运营。一年多的时间，闻泰就在上海和台北建立了超过 150 人的笔电开发团队，到离开的时候，包海东的团队编制已接近 500 人。

"我在联想虽然也带几十人的团队，但做的工作还是偏技术和项目管理的，没想过会做这么综合全面的管理。"

"在联想，我还学到很重要的一点，关于 manager（经理）和 leader（领导）的区别，leadership（领导力）不能行政赋予，需要靠自己的业务能力、人格魅力，要让人家愿意跟着你一起奋斗。"

成为 leader 的包海东，把深耕笔电 18 年的能量通过团队的力量释放了出来。"头一年做了很多事情，首先就是量产了和联想合作的项目，之后陆续开发了华为、小米等客户，后来还组建了另外一个团队，接下了苹果的 MacBook Air 项目，完成了内地 ODM 在笔电代工领域的突破。"

"在闻泰大平台的支持下，我们还拓展了英特尔、AMD、微软、英伟达等业界核心的合作伙伴资源，建立了笔电从产品开发、交付到质控一整套流程。"

从零开始，架构一个全新的业务，不用多讲，可以想象是多么大的挑战，一个职业经理人，能扛下来是很不容易的。

到闻泰的第二年，公司借壳在 A 股上市了。"上市前期企业要有新的布局，投资人不关心既有的业务，需要更多未来的故事。笔电可能没那么性感，但它是足够大的、看得见的大蛋糕，实实在在地就在那里。"

包海东预见笔记本电脑在未来 5—10 年都不会低于目前的规模。"我要做的就是促进它的强势发展。我不太关心那些太花哨的故事，许多领域的许多故事，都只不过是泡沫一场。"

实际的市场情况印证了他的说法，不仅是做智能手机的，其他做关键部件的、做电子制造服务（EMS）的企业都不约而同选择了笔电 ODM 这条赛道。

虽然大的国际形势对它有一定的影响，但包海东认为："ODM厂商还是有机会的，笔电原本就是开放的架构，台系成熟的供应链近年来明显动力不足、人才固化。这个业务又和智能手机架构接近，品牌客户的名单都差不多，客户从智能手机这个维度上看到了中国ODM企业的活力，相信我们能提供更优的服务。"

常年和众多外企打交道的包海东，从来没有考虑过出国。他一直坚信"这么大的市场，总还是会有机会的"。他说："我这个人不乐观但也不悲观，我相信不管面对什么样的变化，自己总有能力在这个环境中生活下去。"

2023年，在闻泰工作了5年多的包海东又加入了龙旗，这家公司同样对笔电这个成熟但又充满变化的品类寄予了很大的希望。

这家2002年创立、2005年就在新加坡上市的"极速新贵"，2024年3月在上海主板成功上市。大家都说包海东幸运，离开联想后赶上两家企业的上市。他说："我真的不是冲着公司上市来的，笔电这个赛道，我爱做也能做，我在哪里都会尽心尽力、好好地做。"

现在的包海东，是拥有25年大型科技企业经验的资深技术型管理者，从部件到系统测试验证，从产品开发到项目管理，他深谙笔记本电脑OEM、ODM、制造代工等各种运作模式。

"销售、新业务开拓、团队管理等，我都挺有信心的，沟通能力我也还是可以的，能和多职能团队打交道，解决复杂问题。"

新的岗位还有许多不确定性。"去年罗振宇在跨年演讲时说，世界是个草台班子，我这刚起步的团队肯定是。单个人没问题，但凑在一起，各种文化和做事方式的冲突就特别多。态度和能力都是OK的，就是干活儿还没形成默契，有的时候难免磕磕绊绊，我现在就得边跑边磨合团队。"

偶尔，包海东会怀念过去成熟的平台、默契的团队。再出发的他现在几乎完全没有了私人时间，"总在出差，每天忙到夜里十一二点，真是倒头便睡"。

"业务的不确定是家常便饭，最常能体会到的情境就是'山重水复疑无路，柳暗花明又一村'。有的项目跟了两个月跟没了，你已经绝望了，过几天客户一个电话，又似乎看到了新的希望。"

"从打工的角度，家属就不理解，总说你又不是老板、为什么要这样工作。但我全盘接手的新业务，总是想有一个好的结果。"

"不管怎样，首先要不折不扣地完成任务。联想的文化不也是重视结果，承诺了要兑现，有了功劳才配讲苦劳嘛。"

经历龙旗、闻泰两家声名赫赫的ODM企业，加上以前在联想和众多ODM、部件厂商合作过，包海东像做论文一样抽丝剥茧地琢磨"中国智造"的现状与发展方向。"我坚信ODM是IT企业的一股新生力量，有很大的提升空间。"

"PC、笔电之前属于 Wintel 体系，从这一点来讲，技术设计的层次很大程度上受限于架构。ODM 的既有能力就是基于平台厂商的设计架构进行系统的设计和开发，一代代地积累设计经验和 debug（调试以排除故障），工程师主要做这个，不需要有太多的架构层面的突破和原创设计。品牌公司投这部分并不能让产品有太大的差异化，这就给 ODM 提供了机会，设计复用，工程师资源相对丰富，和品牌厂商相比，性价比自然就上来了。"

"PC 和笔记本的制造在中国大陆，但产业链的核心一直在美国、日本、中国台湾。智能手机则不同，它比笔电晚十多年，国际、国内形势都发生了重大的变化。

当时几大台系企业，迪比特、HTC、华宝等几乎是在同一时间进入市场的，但大陆厂商很快就夺取了领导地位，这个成功是大陆品牌、大陆 ODM、大陆供应链共同成就的。因此，我们才能看到现在的智能手机国产化程度如此之高。"

"当一个国家、一个企业能力弱、话语权低的时候，即便你是甲方也不会有多受人尊敬。"说到这里，包海东感慨万千。"以我的亲身经历，单从联想笔记本电脑这一条产品线的发展上看，中国企业具有一定自主研发能力的日子，真的是没有多长时间。曾经的筚路蓝缕、举步维艰，现在已经无法想象了，"他郑重地说，"但这些不应该被遗忘。"

"现在的联想也是世界 500 强，出货量足够大，能够稳住ThinkPad、拓展出Lenovo这个品牌，联想的技术研发人员是付出了巨大努力的。"

"笔电是电子消费品，兼具高科技属性和快消品的特点，它既要轻薄美，又要禁得起技术发烧友的品评，能通过世界500强的专业招标测试。"

"联想的能力是日积月累出来的，扎扎实实，禁得起推敲。"

可能是因为我们最初聊到了彼此岗位的差异，测试工程师出身的包海东一直试图和我分享他的品牌观——

"企业是人组成的，我发现所有员工的工作状态最终都会体现到产品上，这就是为什么一个企业要有自己独特的企业文化。不是你想要把品牌做成什么，而是你的产品会说话，你的每一个员工的行为也会说话。"

"我现在在乙方，特别好的一点是有机会接触到许多优秀的甲方，有许多值得我们学习的。我越来越多地认识到，一个企业的使命、愿景、价值观需要让每位员工都感受和相信，全员要有一种持续的兴奋感才可能感染到每一位购买和使用产品的消费者！"

在大家的口中，包海东就是一个好品牌吧，熟悉他的前同事是这样评论他的——"看似平淡温吞，和绚丽无关，但内心极有目标感。韧性很强，不浮躁。从不会乱来，值得信赖"。

包海东说："我始终觉得不管世界和科技如何进步，一个伟大的品牌、产品，能永久流传的必定蕴含着人性的光芒！""你认为什么是人性的光芒？"我问，他想了想，"电影《奇迹男孩》（Wonder）里有这样一句台词，'When given the choice between being right or being kind, choose kind.'（在正确和善良之间，选择善良。）"

戴 航
沉下去，打开一个新世界

戴航和联想同龄，生于1984年，2024年整40岁。

读研的时候，戴航就开始留小胡子，中间只是为了到联想面试才刮了一回，入职后又蓄了起来，这已经成为他个人形象的一个标志。

戴航在2010年通过校招进入联想。他是北京交通大学（原北方交通大学）2003级通信工程本科生，在校学生会工作了4年，当了两年学生会主席。

本科毕业后，戴航去内蒙古兴安盟科尔沁右翼中旗支教了一年，那是共青团中央西部扶贫接力计划中的一个项目。支教回来后，他继续在北交大经管学院读企业管理专业研究生。

联想当时有个"展翅计划"，有些类似于现在互联网大厂的管培生计划。那一年北京只招了七八个人。实际上，从 2009 年开始，在团中央的指导下，联想及其 28 个分公司为 100 多所高校的在校生提供"青年就业创业见习基地"，每年提供不少于 300 个（次）的实习岗位。这个被称为"联想 idea 精英汇"的项目，一方面培养了不少人才，另一方面也为联想消费笔记本的校园推广奠定了良好的基础。

和早年创业就加入联想的年轻人一样，戴航这样从校园活动开始了解联想并最终入职的应届生，对于联想的情感也格外深厚，属于"子弟兵"。

"对联想的感情非常朴素，就是引以为豪。"

"毕业时去联想，就是想干一辈子的。"

"那时就跟被洗了脑一样，整天向周围的同学、朋友推销各种联想的产品，一起吃饭，坐在那儿就开始说联想。"

正因如此，虽然离开联想已经这么久了，戴航谈起现在社会上对联想的风评、谈起联想错失的战略风口依然痛心疾首："这第二曲线怎么还没做出来？"

戴航在联想的时间是 2010 年至 2017 年，7 年，如今离开也已 7 年。

他最初入职是在中国区渠道业务部，在新大厦 5 层办公，宽敞又明亮。

刚刚从 2008 年底、2009 年初的金融危机中走出来的联想，主业稳定，在美国国际电子消费展（CES）上高调宣布进军移动互联网，双拳战略、防守与进攻的动作兼有，未来可期。

戴航所在的团队最高领导是汤捷，联想最年轻的 VP。"老汤是个特别能激励人的领导，我们部门氛围很好。他脑子清楚，非常聪明，业务思路清晰，没有任何的架子，和蔼可亲。跟他在一起，是我在联想感觉最好的阶段。"

两年后，汤捷去了联想控股做农业。从俄罗斯回来的白欲立接管了这个部门，"他总是笑眯眯的，风格和汤捷不一样，无为而治"。再之后是王峰。

作为一个刚从学校毕业的小员工，戴航没有机会跟元庆、柳总这样的大领导打交道。

"我的第一个直线经理叫王旭冬，是一个老联想，至今还在联想。她对我的帮助非常大，在业务上手把手地教我，在生活上也很关心我，而且特别信任我。"

第二年起，戴航就开始独立负责渠道业务数十亿元销售资源的管理，从应届生直接变成了应届生的指导人，取得了多项部门级、公司级荣誉，职级连年晋升。

"联想是个对个性非常包容的公司，是年轻人友好型组织。"

"可以说，跟旭冬在一起的 4 年，让我从一个学生成长为一个职业人，养成了终身受益的工作习惯。她对我的影响真的非常大。"

"我的岗位一直是做运营管理。如果不是去了前端做业务，也许我会一直干下去，稳稳当当的，我不太喜欢折腾。"

"2014 年，我加入了消费业务连锁商管理团队，那一年我成了事业部的武状元（Top Sales）。2015年，我就意气风发地下分区了，在江苏做消费业务的leader。我走遍了江苏的每一个县市，大刀阔斧地引入新分销商，优化团队和管理模式，分区的完成率从2015年的76%提升至2016年的93%，全国排名从第8位提升至第3位。"

就是在这样的情形下，戴航决定离开联想。"这对于我来讲是个艰难的决定，离职前半年我都没有一丝这样的想法。"

"我特别感激当时分区的两个领导——苏皖大区的大总谢琮和苏皖消费总经理杨剑晨。我当时背井离乡的，业务压力也大，他们对我特别好，工作上支持信任，生活上也给我很多照顾。"

"但我就是有些不开心，受到了一些小小不言的办公室政治的干扰，感觉自己的价值没那么被认可，总之就是感觉和原来不一样了。"

现在的戴航觉得那些都不是主要问题，可能就是职场上的七年之痒。"最后我离开前，谢琮还跟我推心置腹地谈了很多，包括做公益。"

7年联想，最让戴航满意的地方，是联想对公益的支持。

"当时已经建立了联想志愿者协会，负责人先是杜建华，后来就是刘晓林。我入职后第一时间就加入了协会。另外，我们党支部也会组织党员参加公益活动，支部书记叫杨侠，我是组织委员。侠姐非常支持我召集大家做公益。"

戴航一直是联想志愿者协会的骨干分子。"我在这个过程中做了不少有意义的事,认识了一些公益组织的人,他们让我知道公益还能是份全职的工作。"

如果说到公益的缘起,还是戴航本科毕业去支教的那一年。他从小在大学校园里长大,以前根本不知道真正的农村是什么样子。

"支教一开始最不能接受的是旱厕。"

"我睡在学校的传达室里,算是好的,有的同学是睡在老乡家里。那里是打井水的,根本没地方洗澡,村里头开的小浴室,洗一次澡10块钱。"

"我不能理解这么穷的地方,一家人一年挣1000块钱怎么活?"

那一年,戴航一面教书一面募集了几万块钱,资助了几十个学生。他跟学生们进行交流,告诉他们外面的世界是什么样子的,人生还有许多的可能性,不只是放羊。

"一个没有见过世界的人,世界观自然就是那样的,没有更多的想象力。"

"我特别喜欢联想的公益氛围,不是大公司大把撒钱的那种,而是每一个普通员工都有空间去做自己想做的事情,不仅不会有任何阻碍,领导还会跟着你一起去做,甚至会得到高层的支持。"

"我曾经组织同事到北京打工子弟学校帮他们翻修舞蹈

训练室，铺设地板、安装镜子和把杆儿，再弄个电脑——电脑肯定是联想提供的。晓林还去参加了揭牌仪式。"

"我们搞公益活动，在正常的工作之余，每年还有一天的公益假。"

听到这里，我忍不住插播："那个公益带薪假，是2007年我们品牌沟通部和企业社会责任部共同提议设立的，写进了当年的企业社会责任报告。"

从校园到社会，联想让这个年轻人感觉到极度顺畅和舒适。

"如果没有联想的这种氛围，就没有我的今天。我不会结识这个领域的这么多朋友。"

在联想期间，戴航一直在美好社会咨询社（ABC）兼职做志愿者，这是中国公益界首家完全由志愿者向中小型非政府组织（NGO）提供公益咨询服务的组织。

他还坚持献血，7年时间，总献血量达到了4000cc，超过了一个人全身的血量。

2011年，联想开始评选"十大志愿之星"，因为全职支教经历、无偿献血以及组织员工参与公益活动的突出表现，戴航成为"十大志愿之星"之一。

那期《联想》杂志，他一直都留着，拍了封面照片发给我。我让他再把版权页拍过来给我看，果然主编是我。

彼时的我未曾想到后来戴航会走上专职公益之路。

那10个人中，我还认识江西大区的施展，也知道他现在还在坚持做公益。

2008年,联想就开始考虑成立基金会,我是积极的推动者,做了不少调研和准备工作。从我的岗位角度看,做品牌的终极形式就是做公益。可惜当时条件尚不成熟。

10年之后,联想基金会终于成立了,当元庆在朋友圈发布这一消息时,我点赞并留言,内心感慨万千。

那是2018年,戴航从联想裸辞后的第一年。

每个曾经的联想人,都有过"我失去联想,将会怎样"的思考。戴航没有多想,他放空了一段时间,给自己送上一场环球旅行。

在南极长城站,他给自己寄了一张明信片。上面有一句话是这样写的:"我与大多数人一样,都是平凡的,我甘于平凡,但不甘于平凡的溃败。"

旅行之后,他像又一次毕业——从联想毕业了,他需要重新寻找能让自己充满激情的事业。

戴航认真地分析了自己的两个爱好——旅行和公益,他想,未来要么和旅行有关,要么和公益有关。

他先研究了中青旅、携程等公司,"旅游行业没有太多吸引我的岗位,反而是公益行业的市场空间更大一些"。

要把公益当作一份工作来看,戴航就先做了个市场分析,看行业的成长性。他在网上搜集了中国公益行业的一些数据:机构数量、捐赠额、捐赠额占GDP的比重,把这些数据和美国的进行对比,发现连人家的10%都不到。

戴航把这些研究成果做成了一个PPT，用的还是联想的PPT模板。

公益领域有非常多不同类型的项目，既需要很强的学习能力、深入研究的能力，又需要一定的管理能力。戴航觉得自己的能力和经验应该都用得上。

他还有一个重要的发现：公益行业对人才的要求比较高，但是又给不了很好的薪资，所以像戴航这样的名校研究生、又有联想这种大公司工作经历的，愿意来全职做公益的可谓凤毛麟角。他想："这是蓝海啊，容易实现个人成就。"

研究明白、想透彻了，戴航便开始联络在联想时结识的全职公益人朋友，征求他们的意见，在网上投简历，寻找各种岗位机会。

2018年8月，两个机构先后给戴航发来了offer，一个是中国慈善联合会，另一个是友成基金会。

中国慈善联合会是由国务院批准、在民政部登记注册的，由致力于中国慈善事业的社会组织、企事业单位等有关机构和个人自愿结成的联合性、枢纽型、全国性社会组织。

友成基金会，当时叫"友成企业家扶贫基金会"，2022年更名为"友成企业家乡村发展基金会"，是国内首家由著名企业家发起，以构建以人为本的和谐社会为目标、以参与式资助为主要运作模式的创新型非公募基金会，主管单位为农业农村部。

这两个机构恰好都和汤敏老师相关，他是中慈联乡村振兴委员会主任委员，也是友成基金会副理事长。

汤敏是"文化大革命"后第一批大学生，毕业于武汉大学数学系，毕业后先后留校任教、赴美留学，是经济学、国际金融与贸易博士，"中国经济50人论坛"成员，曾任亚洲开发银行驻中国代表处首席经济学家，国务院发展研究中心中国发展研究基金会副秘书长。2011年至2024年，汤敏受聘为国务院参事。他还有一个更为人熟知的称号："高考扩招之父"。

因为这个特殊的机缘，戴航有幸被汤敏老师亲自面试。汤老师建议他去中慈联。当时正是脱贫攻坚即将收官的时候，34岁的戴航认真研读了党的十九大报告中关于乡村振兴的内容。"政策力度非常大，乡村振兴这个全新的国家战略，未来发展空间极大，这是我成长的机会。"

作为一个在城市、大学校园里长大的孩子，戴航首先需要恶补关于中国乡村的认知。他首先看的是费孝通的《乡土中国》，这本20世纪40年代的书至今仍极有启示；另外一本是《新农人看农村》，是清华大学社会学系组织编写的，它记录的是"大众创业、万众创新"时代大学生村官凭借所学和创新、借助互联网，开启的各具特色又符合农村实际的创业之路。

"这本书里有大学生村官创业分析报告，对他们为何选择创业、如何创业、创业类型以及所遇到的困难等进行了详细分析；还有这一代新农人对农村现状的一些看法的总结与讨论；对我最有帮助的是典型案例汇编，收录了37位新农人的创业经历，生动细致。"

"还有一本书，对我影响非常大，是李昌平的《我向总理说实话》。"李昌平，2000年3月曾上书朱镕基总理反映"农民真苦、农村真穷、农业真危险"，"三农"问题得到政治局常委集体高度重视，引发了湖北等地农村改革。也是这位学者，在国内首次公开呼吁"给农民同等国民待遇"。

戴航认为在这个领域里，最有价值、适合他服务的对象是"新农人"。

新农人的专业定义，是指具备一定新理念、新技术、新业态、新生产组织方式，以从事农业生产、加工、销售、服务等各环节为主要收入来源，且收入高于所在地区传统农业从业人员收入水平，有农业情怀、有适度规模、有持续发展性、有防风险能力的现代农业经营者。

乡村振兴的关键在产业发展，产业发展的核心在市场主体的培育。新农人是对农业、对土地特别是故土有着天然情怀，有着奉献农业、振兴农村、帮助农民初心的特殊群体。只有让他们成为乡村特色产业贡献示范力量，才可能真正地改变中国乡村，发展出特色产业，从而拓宽农民增收致富渠道。

根据农业农村部数据，从2012年到2022年底，返乡入乡创业人员累计达到1220万人，其中不乏海归、城市青年、返乡大学生、企业家等。据《"十四五"农业农村人才队伍建设发展规划》，到 2025 年这一群体将超过 1500 万人。

接下来，戴航要面临的问题只有两个——

一是中慈联薪资不高。好在他生性淡泊，对这些不太看重。"当年'展翅计划'招的七八个人，联想都给解决了北京市户口，我工作后父母也资助我买了房。在北京，有房有车，有联想 7 年的积蓄，我觉得自己比很多同龄人物质基础好很多。"

"走得多了、看得多了，我发现物质能带给人的快乐是个无底洞，而且那种快乐的时间会越来越短暂。"

"很多事情都可通过降低欲望来解决，人真正匮乏的是时间，需要做自己真正喜欢做的事情，没有必要为物欲浪费生命。"

第二个需要解决的问题是，戴航接手的中慈联乡村振兴委员会什么项目都没有，账上只有十来万块钱，光杆司令、白手起家，从哪儿入手、做点儿什么呢？

戴航想到了他是如何被联想培养起来，联想又是如何做人才培养的，为什么不发起一个针对新农人的公益培养计划呢？

在汤老师的帮助下，戴航和清华大学教育基金会的游睿山老师一起找到了清华大学社会学系，共同发起了"领头雁计划"最初的网络培训。

做培训，先调研。

汤敏老师介绍戴航认识了两个人，一个是时任蚌埠市副市长郭鹏，另一个是四川省农村青年致富带头人协会会长吴艳。他们二位帮着在当地"吆喝"这个项目，然后戴航自己跟进。

"先弄清楚客户，他们以前是干什么的？现在要干什么？为什么回到农村，之后又遇到了哪些困难？然后我再组织培训内容，明确客户利益点。"

"第一阶段就招募了 2600 多人，主要来自安徽和四川。"

基于这批学员的实战需求，戴航"攒"出了 56 节课程，三分之一是一线的三农专家讲解宏观政策，让学员树立长期投身乡村振兴的信心；其余的全是一线有实操经验的、那些"双脚沾泥"的新农人现身说法。每天晚上 7 点直播，每次 1—1.5 小时，之后是学员进行问答。"当时只有我一个人，找了两个大学生帮忙，就在清华那间办公室里架上灯直播。每天光确认直播嘉宾就是件不容易的事。"

8 月入职，10 月就举办了网络培训的启动仪式，课程进行了五六个月。第二年 5 月在清华大学举办 120 人的夏令营，在业内引起了很好的反响。"这效率、这成果让汤老师非常震惊，他问我怎么这么快就搞起来了。"

这个前期深入调研、后期成功落地的计划，后来被很多家机构模仿。

2018 年的最后一天，戴航发了一条朋友圈，说这一年对他来讲实在太特别了，生活发生了太多的改变。

"以前觉得把兴趣变成工作是世界上最幸运的事情，等到真正做起来才发现，这就像'从此王子和公主快乐地生活在一起'不是故事的结束而是开始一样，工作无时无刻不在对你的喜欢发起多面的挑衅，兴趣被编排成一个个标注着deadline（截止日期）的任务，原先的热情也会逐渐被琐事消磨，无奈和妥协更是常态，需要照单全收。所以啊，光是仗着喜欢是远远不够的，要对抗如地心引力般的消耗感，必须找到一种螺旋向上的向心力才能坚持下去。虽然这个过程可能会充满失衡带来的种种压力、痛苦、失落、怀疑，但我始终相信公益的真谛不是为了加法而是减法，提升的目的不是得到而是放下。"

戴航决定作为一个公益人去迎接他全新的2019年。

在2024年的暮春午后，他平和地回顾着自己的转型之路："做个计划，去执行它。"中间克服了多少困难，再回首似乎只是平常。

"没人、没钱，我体会到了什么叫创业，就是逢山开路、遇水架桥，然后各种对付、日拱一卒。当时直播用的都是现成的软件，各种功能都不支持。比如说课后要求学员提交感想，软件没这个功能，我就用QQ群收，然后在后台手动改成统一规范的名字，否则就无法回查了。2019年，项目扩大之后，我就决定自己开发软件，实现从报名听课到互动、交作业等一系列功能，总算有了一个完整的系统。"

"领头雁计划"整体培训架构，是按地区、按行业划分成20个分队、56个支队，形成基础的社群，再分门别类。

在里面可以找同学,有 BBS 可以进行话题讨论、农业行情的交流等。"交流是非常重要的,因为农村非常闭塞,很多新农人创业者都是孤勇者,遇到困难十分无助,跨越空间、找到志同道合的朋友对他们来说太重要了。此外,他们还需要大量的社会关系的支持,他们之间也可以互助。"

2022 年,戴航代表中慈联参加了第 11 届中国公益慈善项目大赛,"领头雁计划"一路过关斩将,从上千个参赛项目中脱颖而出,并在决赛中以精彩的路演获得了总分第一名,成为"五星优质项目"。

"这是国内公益慈善领域分量最重的国家级赛事,算是我公益生涯里的一个小小的高光时刻。"

"'领头雁计划'的成功得益于中慈联领导的充分信任和授权,乡村振兴委员会得到了足够大的独立决策空间。"

戴航觉得自己很幸运,但这"独立"也意味着项目从一开始就完全靠自己在承担运营成本。"这和在联想,有丰厚的中台资源支持是完全不一样的,运营起来人、财、物都要考虑。"

除此之外,戴航还感受到了和成熟的商业公司极其不同的工作氛围。"公益组织没有行政权,一切都是你情我愿。这个氛围一开始我在心态上真接受不了,特别有受挫感。"

满腔热情的戴航,自以为在做一件正确的事情,但是得不到相应的回馈。很多人面上说得特别好,但是阳奉阴违,甚至根本就没了下文。"浪费了不少感情,而且还都不是募资那种涉及真金白银的事,一点点鸡毛蒜皮的事情就能让人感觉到磕磕绊绊、极度不舒服,完全没有联想那种重诺守信、众志成城的文化。"

"联想文化中,我最喜欢的、影响我一生的就是:想好了再承诺,承诺了就要兑现。我认为做人永远都应该是这样的。刚离开联想那会儿,我天然地认为每个人似乎都应该是这样的,都应该是非常靠谱的,结果遇到的人十个有八个都不靠谱。我就非常困惑——在咱联想靠谱是底线啊。"

他摸索着、适应着,一面想着如何募集到钱,一面想着如何把钱花好。

"领头雁计划"主要的资助方是SAP、德勤、工商银行这样的公司,金额少的给个几十万元,多的有几百万元。

和以往在联想有计划、强执行不同,公益项目在执行过程中发生变化是常态。有一家外企一开始支持了3年,本来要续约,但因为换了CEO(首席执行官)、对接的VP走人了,项目自然就停了。

还有的给钱不多,但要求非常复杂。戴航给我讲解,捐赠方不是要求经济收益最大化,而是要求影响力、效果最大化。"有的捐赠方要求直接支持自己的家乡,体现衣锦还乡、反哺桑梓;有的则看中人,要求支持到多少名的创业者;还有的则要求能带自己的孩子去乡村研学。这些都是客户的需求,都要给予尊重和满足。"

如今的"领头雁计划"内容不断丰富,已经不仅仅是一个培训项目了，涉及乡村振兴的很多方面，戴航将自己的工作定义为"乡村振兴行动者社会支持网络"。

这个社会支持网络已超过20万人，其中有国企扶贫的干部、有驻村的书记、有乡镇里的能人，还有很多在校的大学生，也有想买到绿色健康食品的消费者，各种各样的人都有。一个个社群分布在广东、四川、广西、云南、贵州等地，形成了20多个创业孵化基地，线上一起学习，线下学员在地开展各自的活动。

这两年，戴航和京东合作过、和东方甄选合作过，芒果台的《快乐大本营》做芒果微公益也推广过这个计划里的产品。他们甚至尝试过自己做小电商，弄了一年发现根本行不通。戴航又把战略调整了回来，继续立足公益本身，帮助"领头雁们"对接资源，推动他们之间的互助。

"一切本质上都是市场行为，要把市场规则教给学员们。假设告诉他们是要做电商，那么不管是抖音还是小红书，我们负责去找专业机构来讲课，让学员们根据自己的需求直接去联系，规划、拓展自己的渠道。"

戴航认为一切一切的最终目的，都是要把源自乡村的好产品推向市场。"联想市场化的营销理念、客户价值论于我是深入骨髓的。"

清华大学教育基金会每年都会给这个项目一些支持，加上项目和清华社会学系的紧密合作，戴航索性就把项目搬到清华校园里办公了。我去了一次，离小南门不远、挨着清华幼儿园，一个老式的红砖居民楼，一层的小两居室，采光不错，还有个小小的院子。"这篱笆、这地砖都是我自己弄的，不想花钱就什么都能干了。"

目前戴航的团队有六个人，四男两女，都是 80 后、90 后，一个负责行政、财务，另外五个人是做项目的，有线上的产品、运营，也有线下的活动和外部资源对接等分工。

"做公益很多时候需要处理复杂事务，所以需要有一定的工作经验。"戴航说他招人时比较看好有大企业背景、受过职业训练、擅长利用互联网工具的人。"我们这个平台毕竟是依托于互联网的，所以最好是招那些当过产品经理、有过运营经验的。"

戴航在联想江苏分区负责消费业务时，团队有 5 个业务代表和 20 多个城市代表，总共有二三十人。管理是他的长项，但在公益领域招人不易、留人更难，流动很快。"我这个团队算稳定的，最长的已经干了 3 年了。"

戴航喜欢在 BOSS 直聘上进行招聘。"正好这两年互联网行情不好，我捡了点儿漏。"

"大家多少都是有情怀想做事的，但很多大厂年轻人跟我一样，城市里长大，对乡村的认知基本还停留在田园牧歌的想象。"戴航说，"公益是个事业，我期望加入的人有长期投入的计划，能真正沉下去，而不是一时兴起。"

戴航自己真的是沉下去了，每年几乎一半的时间都在出差。"去农村是非常不方便的，下了飞机、火车，经常还要倒各种交通工具。我不觉得辛苦，是因为我本身就是抱着一种旅行的心态，人生本质上不就是一场旅行吗？"

"项目启动后，我第一次出差是去四川广元调研。之前在微信上跟当地的学员们沟通，我记得牵头跟我对接的学员叫陈青。出了机场，心情非常忐忑，不知道会遇到什么样的人、面对怎样的情况。"

"那个机场跟火车站似的，接站口一下子来了十几个人、好几台车，陈青站在第一个，后面都是附近各个村子里的年轻人，各自开着自己的车。他们先带我去吃饭，然后挨个村地逛，一路都是盘山公路。去往曾家山的半路上下起了大雪，冰天雪地，在路上现给车子安上铁链才能继续跑。"

"到了晚上，他们就围着我，聊他们的心路历程，七嘴八舌地讨论未来会怎样。那一次我感触太深了，我给不了他们任何资金上的支持，只是给他们组织了点儿课程，人家就对我掏心掏肺的，把最好的东西给我吃，把地下的酒都挖出来给我喝，我这是何德何能啊？！"

"那种被需要、被尊重的感觉，让我感觉到人生特别有意义。"

戴航跑过全国34个省、自治区、直辖市、特别行政区，尤其是项目重点的那十几个省的每一个地市他都跑过。虽然每次出差都很远、很累，但这也是他汲取能量的一个过程。

"我感觉压力大了、累了，就出去汲取能量，他们给予我的更多。""每年等着他们来清华，就是我感觉自己最高光的时刻，特别有成就感、有干劲儿。"

这些新农人、创业者做什么的都有，有搞农业种植的，有办厂搞生产的，有做电商的……戴航眼中的他们，和穿行在都市写字楼里的创业者没有什么不一样，只不过他们的场景在乡村，天高地阔。

对于自己的工作，戴航也认为和其他离开联想的同事没什么区别，无非是他们去了阿里、百度、华为、惠普、IBM……猎头也给他推荐过不少类似的岗位，而他选择了中慈联，"这就是一个平凡的职业"。

戴航很满意目前的状态。"我选了个好赛道，会一直坚持下去的，在可控制的范围内做自己想做的事情，我就想努力保持这种状态。"

"之后也许会发起新的项目，会不断地丰富，越做越好。"

2022年，戴航进入长江商学院读MBA，最近刚刚毕业，绩点全班第一名。长江商学院有个规定，每个同学都要完成24个公益学时才能够毕业。戴航作为班里的公益委员，在学习的同时还带领着全班同学完成了这个KPI。"我现在考虑比较多的就是公益如何与商业结合，毕竟我是从企业出来的，有跨界的优势。要可持续地解决社会问题，还是要靠商业的力量，这也是我到长江商学院读书的原因。"

戴航还在罗振宇的"得到大学"学习过，5期4班，他的绩点排名前5%，获得了荣誉学员的称号。这个学习机会是汤敏老师推荐的,汤老则是"得到大学"第0期的学员。"他当初是自己报的名,把罗振宇惊呆了,没想到德高望重的老爷子对于新知这么如饥似渴,绝对是终身学习的典范。"

戴航说自己并不太擅长社交,性格偏内向、规矩、理性。"人特别多的局,我去了就不知所措。长江商学院有的人就很'社牛',一个晚上能串三个场,开学几个月就能认识200个同学,我也就认识了20个吧。我觉得很多联想人好像也是我这样,'有事儿说事儿,你没事儿的话,我还有我的事儿'。"

"但我这个工作又很需要social(社交)。我很庆幸背靠的是一个比较大的平台,中慈联不是一个普通的草根公益组织,清华也有许多资源。如果就靠我一个人,不可能做成这么多事。你看,我们这些捐赠方可不全是social出来的,有些是在某些会议、论坛上认识的,或者经人介绍达成的合作。"

公益路上,戴航说他遇到了许多让他感动的人。

"社会上对政府背景的公益组织有不少负面的认识,但我遇到了很多非常好的领导,他们真的是两袖清风、家国情怀。比如说我们中慈联的副会长刘福清,原来是民政部财政司的司长,还做过多年的纪检干部。老太太已经70岁了,马上要再一次退休。她是一位典型的老干部,正派且勤奋,每次来都是自己坐公交车,风雨无阻。她要请吃饭就必须是楼下的食堂,别说喝酒了,连茶都不喝,真的是一身正气。"

在那些新农人朋友里，苗族小伙吴绍林是他交情最深的朋友之一。

"在广西做调研时，我到了柳州的融水苗族自治县。下了火车又开了两个小时的汽车才到县城。接我的吴绍林见面就说时间来不及了，市里派的车也上不去，必须换越野车。"

"从县里到吴绍林所在的杆洞乡还有4个小时的盘山路，真的把我都快开吐了。"

"吴绍林原来在浙江打工，回乡创业是因为他爸爸得了癌症，他必须回家。父亲身后欠了20万元的债，为了不让人把他家的地收走，他又借了十几万元的债，在那块地上建了房子。这个房子就是他创业的基地。一开始做当地的糊辣椒，从种植到加工，辛辛苦苦一年还亏了钱。"

"但他信念很坚定，因为很多柳州人都认为融水县路远、生态好，有着一级水源，农产品的品质高。他想着搞一个电商协会，把周边村子没品牌的农产品整合起来，统一品牌、统一包装、统一在线上销售。一开始没有人搭理他，他就一家一家死皮赖脸地做工作，先成立了乡镇里的公域品牌，继而得到县里的支持，整合了更多的产品。"

戴航来调研时，正值吴绍林创业两年的瓶颈期。"他是1985年的，只小我一岁，但是一直管我叫戴老师。"

戴航的那些课程和专家资源对于地处偏远、孤军奋战的吴绍林来讲，恰如一场及时雨。年轻的戴老师不仅给他挂了牌、帮他做宣传，还让他系统学习了网络营销知识，更重要的是让他有了坚持下去的信心，真正成了当地的"领头雁"，带动了很多学员。2020年，吴绍林获得了"中国农村电商致富带头人"荣誉称号，是整个广西唯一的一个。"今年，我还邀请他参加了中国慈善年会，讲述他和'领头雁'之间的故事。另外，我刚刚把他也弄进长江商学院读书了，长江开了一个针对乡村振兴创业者的班，我拉着好几个同学给他写推荐信。虽然和其他候选学员相比，他的业务体量差得太多，但是他的故事最终感动了评委会的专家，他又成了广西唯一一个入选的学员。"

"今年已是吴绍林创业的第八个年头了，公司年销售额近1亿元，成功地打造起了一条'县域特色农产品供应链'，主要业务是社区团购、单位福利、直播带货等，跟很多大型国企建立了长期稳定的农产品供应合作关系。基于这个平台，还可以整合销售其他产品，帮助其他省的'领头雁'，这就是社会支持网络的价值。"戴航在为这个样板考虑着下一步的战略发展。

"现在谈年轻人就业难，很多一线城市青年返乡创业，我认为是市场自然调控的结果。在哪里都是做生意，现在乡村机会更大，人自然就多了。"

从2018年提出乡村振兴以来，戴航明显感觉到政策力度在加大。"2020年脱贫攻坚结束以后，越来越多的地方出台了政策支持返乡创业，很多地方都有补贴贷款、农业保险，有的直接给10万块钱的现金补贴，提供办公地点作为孵化器。农业部门有很多项目制的补贴,从基础设施到生产工具再到技术方都有。"

"农业、科技、人社部门,包括妇联、共青团,各种机构搞了非常多的在地培训,一般都是线下培训,一两天、三四天,也有一两周甚至更长的,都是免费的。对于种植、养殖技术、电商等都有相应的扶持政策。"

"我们和当地组织的培训不冲突,他们主要提供在地的信息和支持,不像我们'领头雁计划'是线上线下社群式的,可以在全国范围内开展活动。我们提供的内容也不是种植养殖技术,而是跨学科的,帮助大家开眼界、提升认知、提升个人能力。"

"新农人,不是要再去当农民,而是要成为企业家。一个企业家需要什么呢?需要什么我们就提供什么,比如说财税知识、商务谈判能力、与政府沟通的能力、法律意识以及乡村社区治理等。"

"乡村是属于农民的,乡村的未来要靠这些新农人。"

戴航反复强调:"返乡创业是市场行为,大家都是为了赚钱,过更好的生活。这需要放眼中国的格局乃至国际化的视野。"

戴航入职在已经国际化的联想,虽然一直在中国区工作,但他个人通过旅行的方式不断地探索、感悟着这个星球。

就在忙碌的2019年,戴航完成了七大洲、四大洋、南北极圈的打卡。他心潮澎湃，在朋友圈里写道："迈入北极圈的那一瞬间，我也终于跨越34+7+4+2的里程碑，成功解锁国内全部34个省区市和特别行政区及全球七大洲、四大洋和南北两极。毫无疑问，时不时地查资料、做行程，然后背起行囊出发已经成为我生活的一部分。"

他让人艳羡地描述着："这些年我在南极撩过企鹅，在非洲追过鸵鸟，在北美飙过车，在澳大利亚跳过伞，在印度洋潜过水，在新西兰开过飞机……看过圣托里尼世界最美的日落，拍过蒂卡普湖全球最震撼的星空，上过卡帕多西亚惊鸿一瞥的梦幻热气球，探过撒哈拉深处摄人心魄的神秘之境，体会过清迈宋干节全民水战痛快淋漓的释放，感受过神户有马温泉泡金汤品和牛的惬意。有过在莫斯科身着礼服欣赏世界顶级芭蕾舞的优雅，也有过在诺坎普为西班牙德比呐喊的疯狂……"

这一段小作文让我想起董宇辉的诗朗诵，戴航真真就在35岁前完成了这样精彩而丰盛的生命体验。他说："旅行让我不断地感知这个世界，不断地探索自己和这个世界的关系，也懂得了这世界上没有绝对的正确，学会接受别人不同的三观和其衍生出来的思考方式。说实话我挺喜欢现在的状态。累积了一些工作经历和人生阅历，有选择的勇气，也有洒脱的底气，有解决问题的能力，也有承担后果的魄力，会更坦然地面对自己的欲望，也在能力范围内握住自己的方向盘。理想与好奇还在燃烧，不一定知道自己想要什么，但至少知道自己不想要什么。失去过，所以做起选择也都更加坚定、果断。虽然胶原蛋白确实流失了一些，但时间带来的变化，好像更值得津津乐道。所以哪有什么最好的年纪，只有不断走进未知、一直变得更好的自己，还是那句话——世界大而岁月薄，我们没有不上路的借口。"

戴航是那种旅行背包客，自己做攻略。"那个时候还没有现在这么强大的智能手机，无法随时随地使用谷歌地图和各种App。我都是把路书打印出来，每天自己看。"计划性强是戴航的明显特质。"一定是要提前把每一步的行程、每一个小时的安排都做成表，甚至在当地去吃哪个餐馆哪道菜，都要提前做好攻略。现在各种各样的App实在是方便太多了，但我还是习惯做充分准备。"

"我其实是很害怕和陌生人交流的，提前把功课做到位，可以让我省去问路的麻烦，我尽量硬着头皮一个人把遇到的困难给应付掉。"

戴航绝大多数时候都是独行，虽然有一些同好的朋友，但他觉得"人等人太影响效率"。

"如果你当个旅游博主，一定会成为网红的。"我说。

"我很高兴我做了大多数人想做而没有做到的事。但我从不写游记，会拍点儿照片，很少发朋友圈，更不弄小红书。我更在乎自己的体验，用心去体验，而不是去展示、炫耀给别人看。"

2020年春节前，戴航按计划前往墨西哥和古巴，结果赶上了疫情，他回国的航班被加拿大航空取消了。他就索性一路往南，哥斯达黎加、厄瓜多尔、秘鲁、玻利维亚……路上冷了就添置衣服，航班不断取消、变化，一直折腾到第二年3月他才从巴拿马回来。

2023年，戴航又利用假期去了阿联酋、沙特、阿曼、巴林、卡塔尔、肯尼亚、纳米比亚、南非等。因为要省钱，他会一直关注打折机票，一旦有特别便宜的就买下来，再去设计行程。"出去一次要四五天到十来天的样子。我会把年假、公共假期都利用上，以前在联想我就这样。""我的每一位领导都准我假，所以联想时期我就几乎跑遍了全国，还去了十几个国家。"

多少人虚度一生，有许多事情想做而没做，理由有千万条，或苦于能力或困于金钱、时间，但这一切都只是内心动力不够强大的借口。

戴航还有一个爱好——潜水，第一次体验也是在联想，当时部门在三亚开会。像滑雪的人中"白毒"一样，这种休闲潜水被称为"蓝毒"。那之后，他连续考了十几个证书，两年前拿到了 Dive Master 的职业证书，现在已有过百潜的经验，具备督导潜水活动、参与教学、带领体验潜水并签发证书的权限。

每隔几个月，戴航就会去潜一下，每年至少完成一次船宿潜水旅行。船宿潜水会与世隔绝一个星期以上，每天除了吃饭、睡觉，就是潜水。从早上6点一直到日落，一日潜水4次，最多时单次潜水会超过1个小时。戴航接触过七八十岁的潜水老者，他希望自己也能终身潜下去。

"水下很安静，隔绝了这个世界上所有的声音，只能听到自己呼吸的声音，有太空的那种失重感。""沉到水下，像打开一个新世界，欣赏到的是与陆地上完全不一样的风景。我看到巨大的鱼群，和虎鲸在一起嬉戏。我喜欢和海洋生物在一起。水下面也有重峦叠嶂，我在那里穿越一座又一座的山峰。"

戴航，不折不扣的行动派，是曾经联想品牌定义过的一个人设——doer。他目标明确、坚定，执行中从不纠结、拧巴。他知道没有完美的决定和解决方案，但他会努力让一切无限趋近完美，这样的人配得见更多的风景。

方树功

十方缘志愿活动，
中间这位志愿者是 72 岁的彭老师

陪伴后分享感悟

在联想工作的方树功

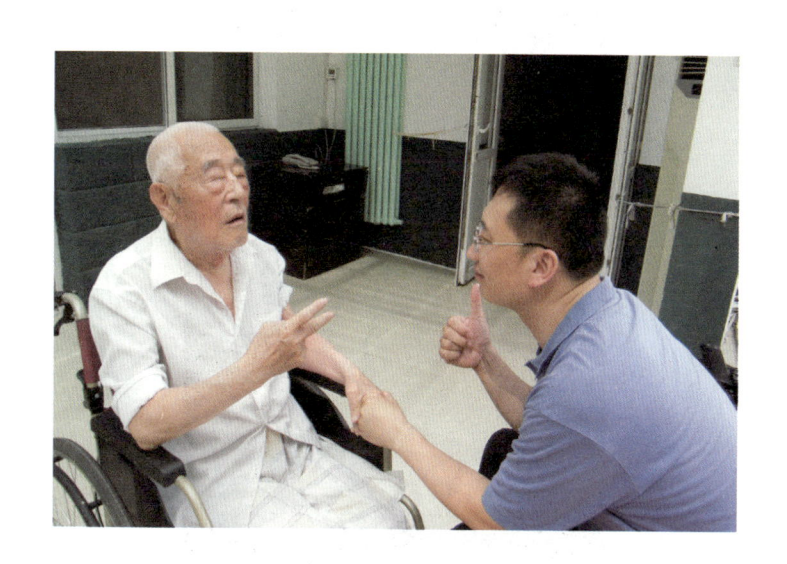

2010年，方树功在北京香山老年公寓陪伴重症老人

周浩强

2009年，联想台式电脑事业部管理团队合影

2017 年新财年第一天,周浩强与管理团队一起慰问员工

刘爱婷参加马术比赛

冯健渐（左四）和他的欧洲团队

华沙弗莱塔大街上的联想专卖店

联想东欧地区分公司所在大楼

联想上海研发中心

2011 年，包海东对标苹果轻薄本做的一台样机

离开联想时，包海东和马上要上交的工卡合影

2008年，戴航（前排左二）在内蒙古支教时和学生们在一起

戴航的联想志愿之星奖杯

戴航在联想新大厦

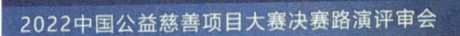

2022 中国公益慈善项目大赛决赛路演，戴航介绍"领头雁计划"

戴航和吴绍林

后记
回首曾经再向前

2023年春节后,因父母年迈多病需要照护,我提前退出了职场。职业生涯最后一位领导、新奥集团的创始人王玉锁先生善意地提醒我:"不要断了与社会的连接,否则人的大脑会衰退得很快。"

在迅速坠入日常杂乱与沮丧的过程中,我开始想,自己、一个人、碎片时间,还能够做些什么?真是怀念有日程表、有领导要求、有同事小伙伴一起头脑风暴的日子,感觉没有什么比上班、战略分解执行更容易创造价值的事情了。应了那句老歌:"工作是容易的,生活是困难的。"

时至如今,我都保持着严苛的职场习惯,周计划、月计划,做个饭都有事项清单,凡事排优先级,依然很舍不得浪费时间。这些职业病基本都是在联想时期落下的。我两度联想,从青春懵懂到获得联想最高荣誉——风范奖的高光时刻，一幕幕，不思量，自难忘。联想的企业文化在我的人生中打下了深深的烙印。

联想本身又是一家非常独特的企业，介于高新技术和传统制造之间，是民企又有中科院的背景，是中国本土成长起来的国际化公司……在 IT、互联网以及各行各业，都有曾经联想人的身影。这么多年一直埋头工作的我，忽然就很好奇曾经的同事们，他们在联想前、联想中、联想后都经历过什么？联想文化对于他们的工作、生活、人生选择有着怎样的影响？他们也曾像我一样拼过、累过、爱过、烦过吧？如今他们都还好吗？……

我决定自己立一个项目，访谈 11 位联想前同事。设定"11"这个数字，是想致敬联想的 11 位创业元老。而我想要采访的同事，不是元老、不是高管，我就想越普通越好，我甚至约过原来车队的司机师傅。但实际操作起来，找到 11 个愿意讲述自己并有一定故事性的人，并非易事。

在职场多年，我定义的同事关系就是共同做事，几无私交。因此，第一个受访者是从我的"前手下"王继玲开始的。后来她陆续向我推荐了冯健渐等人，认识但不熟；老任是我一直很尊敬的"联想 18 棵青松"之一，我试着联络他，不承想他居然很爽快地答应了。待到传奇社 2024 年度春晚时，我已经采访了 5 位前同事，心里有了些底气，现场就做了招募广告，马建强就是那次会后主动联系我的；再后来在张克组织的桃花岛活动中，我遇到两位服务器业务的老同事，继而认识了潘晓冬……就这样在一年多的时间里，我陆陆续续为此事见了 30 多位前同事，其中正式采访的有 16 位。其中 1 位因职位有点儿高、不符合我希望记录"普通人"的标准而放弃，1 位因伤住院而中止；最痛惜的是有 3 篇已经完成，甚至是几经修改的稿子，但受访者考虑再三，和我商定暂不对外发表。

因此最终呈现出来的，可以说是完全随机抽取的样本，其中 7 位都是之前完全不认识的老同事、新朋友。

我们都只是曾经联想，如今被我这个想法遇到，他们愿意说，我听着有感触，便先写了出来。元庆曾给我发微信："11 个人不一定够啊。"那是肯定的，不只是数量不够，而且全面性和深度都不够。

我虽然是中文系毕业，又一直从事和文字相关的工作，但我个人从未系统学习过专业采访和非虚构写作。根据工作需要，我学习过公文写作、新闻写作，然而写得最多的却是邮件和 PPT。新闻稿件、综述等一般不会超过千字，几页、几十页的大稿，我主要负责提炼核心信息、提供素材，正式的采访和成稿多依靠媒体记者、公关公司以及公共关系专岗的同事。

2017 年骨折后，我偶尔写几篇公众号，单篇基本在 3000 字左右。为了突破自己，我下定决心每个人物要写 1 万字以上。这在一开始显得很难，后来就有点儿打不住，最长的一篇 1.5 万字，选择收听模式需要 59 分钟。

篇幅太长不利于阅读，尤其是在手机上。有媒体老师一开始便教导我如今"短是王道"，更多朋友建议我把这1万多字至少分成上中下篇，多做小标题，还有人建议我做成对话访谈的视频，然后再剪成短视频。

我真心地感谢这些建议，但我做不到，内心也并不想这样做。我以写作为调剂，冲抵日常的压力，只能选择最基础的、一个人就能独立完成的形式。我的叙事风格娓娓道来，或者可称为絮絮叨叨，成稿后也非常难以切割成小的段落。

内容太长、不具备公众性，文章的阅读量并不算高。但和老同事们因此重新认识、深度交流，倾听、听到、听懂、厘清，最终用文字表达出来。聊到共同经历的事、共同认识的人，我在每个受访者身上或多或少地看到自己的影子……这真是一个让人内心愉悦的过程。

2024年7月28日，第一篇《一个人的微公益》发出，算是我给自己的55岁生日礼物，之后按计划隔周周日18点准时推送一篇。当时最后两位受访者还没有落实，多篇稿件仍在修改中，大多数人的照片收集工作还没有启动。而发布前的排版、校对，对于我来讲都是极为耗时且不喜欢的事。虽然是自我驱动的项目，自我设定的KPI和deadline，我的心理压力还是比较大的，毕竟联想文化就是要"说到做到"。过程中，最开心的就是完稿后得到受访者的确认，合上电脑，有种把笔一掷的巨大的欢欣。

第一篇发布后，有一位资深媒体大佬和我交流，说他对写普通人物不看好。"决定人物稿件好坏的往往不是文笔,而是人物本身。""只有极少数人是 somebody,称得上是人物,我们身边大多数人都是 nobody,只是一个人而已。写普通人过于拔高显得自己没见识,写牛人过于溢美又显得自己太猥琐。度非常难把握。""如果写小人物而没有传奇故事,那就是中学生好人好事作文,作为一个与她不相干的人,读者根本不愿读。读后会想,这点破事值得写吗?值得我浪费时间读吗?"

这些观点我特别认可,感谢教诲。我只是固执地想,从前我的工作就是把领导者、明星推到聚光灯下,而这次写作的初心就是要写和我一样曾经联想的普通人——我们 work with Lenovo,是和柳总、元庆共同成就联想的人,而联想也深刻地影响了我们之后的人生。

在去中心化的时代,我一直在思考个人和组织的关系,它一定不是牛马与旷野的关系。所有先进生产力都是适时应势地解放人、激发人,按需聚合,平等共创,彼此赋能,互相成就,这才是没有天花板的舞台,才会有"聚是一团火,散作满天星"的各生欢喜。

在此,诚挚地感谢所有的受访者、我曾经的同事们,感谢信任、感谢坦诚相待、感谢不嫌弃我能力有限……刘爱婷说:"我没有想过会有人给我写传。"潘晓冬说:"读下来,感觉自己重新活了一遍。"方树功说:"感觉丹青比我还了解我。"……这些话给了我莫大的鼓励。

虽然也写黄了几篇，但我能理解，一个人能讲出自己的故事本身就是自我接纳的过程，非常不容易，可能是还没有到回望的时候，或者其实只是你们不好意思说我写得不行。感谢你们曾坐在我面前，跟我分享了那么多。这个过程陪伴我度过了退休转场这段相当艰难的时光，谢谢你们 raise me up。

我最感动的是访谈中每一位受访者都提到了老同事、老领导的名字，希望在文中表达自己的感激之情。借此，我也想感谢我的领导、同事以及许多"大联想"的合作伙伴，感谢曾经与优秀的你们一路同行，获得许多教诲和帮助——

"人类失去联想，世界将会怎样"这句经典广告语以及《联想为什么》一书的作者陈惠湘，是我联想入门阶段的领导；之后转型到服务器事业部做产品推广，我们部门的总经理是陈立、我亲爱的陈小姐；我最感谢的是大客户部时期的领导刘俊彦，他让我看到山西人慈悲如佛的一面；二度联想，感谢中国区及之后成立的联想新兴市场的负责人陈绍鹏，他不仅给了我参与奥运项目的机会，更是给予我极大的信任去挑战自我；特别感谢联想奥运项目负责人 Alice 李岚，她早年负责香港联想公关部，一直是我尊敬的偶像级人物，她带领团队奋战 2008，那种激情和梦想令所有亲历者终生难忘；还有大王刚、夏立、旭东……还有我的同事，陈吉老师、代代、秀怡、彤彦、门总、华青……感谢联想让我们相识；还有许多"大联想"的伙伴，一个个项目中的战斗情谊，让我们早已亲如兄弟姐妹，成为彼此生命中的一部分，这远超过企业间的战略合作。

这些名单若拉起估计要另出一本书，恕不罗列，你知道我心中一直有你。

完成前四篇初稿后，我曾向《冰点周刊》的从玉华老师请教，从老师当时提了个问题令我深思——"我"在文章中承担什么作用？现在想来，就是彼此映照吧，呈现出来的每一篇，都是受访者和我共创的成果，不仅因曾经联想有共鸣，更因我们是同类而共情。我关心阅读量，希望这些普通人的传奇能被更多人看到。但在我心底，我写完了、受访者认可了，我以为就已经有两个人从中受益了。钱锺书曾说过：为他人作传的人，最终呈现出的其实是自己的心境。

感谢继玲一直的陪伴并推荐了多位受访者，感谢 Ray、Amy、婕婕以及璟、莉、刘春、袁巍、董立忠等同事帮助校对和补充提供素材。我以为的一个人的写作，其实并不孤单。

此外，还要感谢本系列内容的法律顾问君辉律师事务所，让我和受访者自始至终心无挂碍，态度端正，郑重严肃。

因个人能力有限，记录跨越时间长，难免有错漏之处，任何涉及企业、个人、既往事件的评述如有不当，敬请善意理解、批评指正。

感谢传奇社、PKU1987、新浪财经、数字经济网等的转载，感谢所有的点赞、阅读、在看、转发和打赏。

特别要感谢朱学东兄的转发，让这个系列被中国工人出版社的董宽社长看到，感谢董社长和90后编辑邢璐为此书的出版所付出的努力。希望它真的有一点价值，能让人们透过这11个普通的前联想人，更多面地了解生于1984年的联想，祝福它四十而砺，有更好的未来。也希望这些普通人的故事能够汇聚些微能量，激励正在经历风雨、努力爬坡的人们，祝福所有人在回首曾经时，都能有感恩的人、荣耀的事，都不因虚度年华而悔恨，不失向前行、做自己的勇气。

每个人都是传奇，Lenovo曾经的英文名是Legend……

2025年1月29日